Et si j'apprenais

la Mosaïque

Éditions
Place des Victoires

Avertissement

Réaliser une mosaïque peut comporter des dangers.
Il est important de toujours porter des lunettes de
protection, lorsque vous devez couper des tesselles,
scier un panneau de fibres de bois ou utiliser
des solvants, et des gants en caoutchouc lorsque
vous manipulez le ciment-colle ou le ciment-joint.
L'éditeur ne saurait être tenu responsable des
accidents qui pourraient survenir au cours de la
réalisation des œuvres proposées dans cet ouvrage.

CONCEPTION ET DIRECTION GÉNÉRALE DE L'OUVRAGE
Jordi Vigué

COORDINATION ÉDITORIALE
Miquel Ridola

CHEF DE RÉDACTION
Angeline Raboullet

RÉALISATION DES EXERCICES
ET RÉDACTION DES TEXTES
Pili Palacín

PHOTOGRAPHIES
Santiago Garcés

GRAPHISME
Paloma Nestares

STYLISME
Maria Garau

MAQUETTE
Nuria Saburit Solbes

ARCHIVES PHOTOGRAPHIQUES
Gorg Blanc
à l'exception des pages suivantes :
p. 8 et 106/Nicolas Fauqué ; p. 9/Pierre Salama ; p. 11/Winnie Denker

TRAITEMENT INFORMATIQUE DES IMAGES
Marta Ribón

TITRE ORIGINAL
Mosaico

ADAPTATION FRANÇAISE
Martine Richebé

© 2004, Gorg Blanc, s. l.

© 2004, Éditions Place des Victoires
6, rue du Mail - 75002 Paris
pour l'édition en langue française

ISBN : 2-84459-066-7
Dépôt légal : avril 2004

Imprimé en France par CLERC S.A - 18200 Saint-Amand-Montrond

Introduction

Tout au long de l'histoire, des civilisations très diverses ont cultivé l'art de la mosaïque dans un large éventail de styles qui font non seulement partie du patrimoine artistique universel, mais qui sont encore aujourd'hui de précieuses sources d'inspiration.

Cet ouvrage s'adresse à tous ceux qui, possédant une certaine habileté manuelle, sont désireux de se familiariser avec l'une des techniques décoratives les plus anciennes. Il vous présente de manière simple et pratique les matériaux, outils et techniques auxquels vous pouvez avoir recours pour créer vos propres mosaïques. L'apprentissage des techniques y est progressif : chaque chapitre introduit des éléments nouveaux et tous les exemples sont détaillés étape par étape et abondamment illustrés. Le processus d'élaboration de chaque exercice peut vous servir de base pour mettre en application des idées plus personnelles et réaliser des projets originaux. Plus vous progresserez, plus la mise en œuvre vous paraîtra simple et plus les résultats que vous obtiendrez seront satisfaisants et stimulants. Vous découvrirez qu'il n'est pas nécessaire d'être un artiste ni de posséder une grande expérience pour éprouver du plaisir à réaliser un travail entièrement artisanal, offrant des ressources illimitées sur le plan de l'expérimentation et vous permettant de donner libre cours à votre créativité.

La mosaïque compte parmi les rares techniques artisanales ayant résisté à la mécanisation et à la production industrielle. Elle permet de créer de ses propres mains, avec peu d'outils, une œuvre unique. Le processus d'élaboration d'une mosaïque, bien que peu complexe, requiert du temps et de la patience, deux éléments auxquels notre mode de vie trépidant accorde de moins en moins de place. C'est pourquoi, au-delà des joies qu'elle offre comme mode d'expression artistique, la mosaïque peut être considérée comme un passe-temps relaxant qui contribue à lutter contre le stress. Les moments que l'on consacre à la création d'une pièce originale sont d'agréables parenthèses, de précieux instants de détente permettant d'oublier l'agitation de la vie quotidienne. Et l'effort que demande la réalisation d'une mosaïque est amplement récompensé par la satisfaction de créer un bel objet, fonctionnel ou purement décoratif, tant pour soi que pour faire un superbe cadeau.

SOMMAIRE

Mosaïques mésopotamiennes

L'art de la mosaïque était déjà connu de la civilisation mésopotamienne. Dans la ville d'Ur (Irak actuel), on a découvert dans les tombes royales la caisse de résonance d'un instrument musical décorée sur les côtés de mosaïques représentant des scènes de guerre, où l'on peut voir le roi victorieux passant en revue ses ennemis. Les matériaux utilisés sont des coquillages et des pierres calcaires sur fond de lapis-lazuli et ils sont fixés avec du bitume.

> La technique de la mosaïque a été utilisée dès l'Antiquité par les plus grandes civilisations. La méthode d'élaboration est restée inchangée au fil des siècles et cet art, bien que très ancien, a perduré jusqu'à nos jours.

Pavement du palais d'Alexandre le Grand, IVe siècle av. J.-C., Pella.

Étendard royal d'Ur, vers 2500 av. J.-C., Ur.

Mosaïques grecques et romaines

Les civilisations grecque et romaine ont développé et rendu florissant l'art de la mosaïque, lui faisant atteindre un niveau de qualité encore inégalé aujourd'hui. Vers le milieu du IVe siècle av. J.-C., une nouvelle technique décorative est apparue en Grèce, et plus particulièrement en Macédoine (Olynthe, Pella) : celle de la mosaïque de pavement. Les matériaux employés étaient de petits galets de taille uniforme. Le motif, élaboré à l'aide de galets blancs, était mis en valeur par un fond plus sombre, gris ou bleuté, noir ou brun rougeâtre. Les mosaïstes avaient le plus souvent recours à ce contraste entre motif de couleur claire et fond de couleur soutenue.

Au musée de Pella, ville native d'Alexandre le Grand, on peut admirer une très belle mosaïque réalisée avec des galets selon une technique plus sophistiquée que celle utilisée pour les premières mosaïques. Les galets ont été choisis avec beaucoup de soin, les plus petits ont été employés pour rendre les détails, et ont été joints étroitement les uns aux autres, au point que l'on ne distingue pas le ciment qui les lie. Cette mosaïque représente Dionysos sur une panthère et se distingue par sa grande richesse chromatique.

L'emploi sophistiqué des galets dans les mosaïques de Pella déboucha, au IIIe siècle av. J.-C., sur l'apparition de mosaïques formées de tesselles, qui n'étaient plus des galets, mais des pierres naturelles coupées en petits cubes. Dans la Rome antique, ce travail était réalisé par des ouvriers spécialisés, les *tessellarii*. Pour obtenir des tesselles, ils découpaient le marbre en fines plaques, puis en bandes qu'ils divisaient en cubes. Pour confectionner des tesselles de verre, ils versaient le verre fondu sur une surface lisse, le laissaient refroidir et quand il avait durci, le découpaient en bandes, puis en cubes avec un outil tranchant. Les tesselles assemblées formaient une surface plane qui augmentait la résistance et la longévité des mosaïques, et permettaient aussi de créer des motifs plus élaborés.

Dans la plupart des pavements de mosaïque grecs et romains de la première époque, le motif était constitué d'un motif central ou emblème d'une taille assez réduite, d'environ un mètre carré, qui se détachait sur un fond. L'emblème était en général exécuté en atelier, sur un support en marbre, et était ensuite transporté sur le lieu de destination de la mosaïque, alors que le fond, moins complexe, était réalisé sur place.

Les ornementations géométriques des pavements, réalisées, à l'origine, en blanc et noir, puis progressivement en couleurs, adoptèrent des formes de plus en plus audacieuses, jusqu'à l'apparition de motifs végétaux, puis de figures animales et, finalement, de figures humaines.

Un autre exemple de mosaïque célèbre est celle qu'abrite le Musée archéologique de Naples. Elle recouvrait à l'origine le sol d'une galerie menant au patio de la Maison du Faune à Pompéi. Il s'agit d'une composition toute en longueur et d'une grande finesse. Elle représente la bataille d'Issos, opposant Alexandre le Grand à Darius III. L'artiste a accordé une grande importance au rendu des ombres et a limité délibérément l'emploi de la couleur. Les tesselles sont si petites qu'elles lui ont permis de représenter les plus infimes détails, au point que la mosaïque ressemble, à première vue, à une œuvre picturale.

Dionysos sur une panthère, fin du IVe siècle av. J.-C. Hauteur : 2,65 m, musée de Pella.

Mosaïque d'Alexandre le Grand, IIe siècle av. J.-C., s'inspirant d'une peinture de la fin du IVe siècle av. J.-C., Musée archéologique de Naples.

Pompéi est incontestablement l'un des gisements archéologiques les plus célèbres au monde, sans doute parce que la ville s'est retrouvée soudain fossilisée à l'apogée de sa splendeur sans avoir connu la décadence et la chute de l'Empire romain. Parmi les mosaïques pompéiennes, on trouve des représentations de scènes de la vie quotidienne.

Pêcheurs à la ligne sur une mer poissonneuse, musée de Sousse.

Les Romains apprirent des Grecs l'art de la mosaïque et ils le développèrent, l'améliorant et le diffusant dans tout l'Empire. Ils employèrent la mosaïque pour exécuter des pavements et décorer ainsi théâtres, temples, thermes et espaces publics. Ils utilisaient des marbres originaires d'Italie, mais aussi des marbres qu'ils importaient de contrées lointaines, notamment d'Afrique.

L'art de la mosaïque s'est rapidement répandu dans l'ensemble de l'Empire. Au nord de l'Afrique, notamment en Tunisie, au cours des IIe et IIIe siècles ap. J.-C., de nombreuses mosaïques de pavement furent réalisées, avec des motifs figuratifs plus libres et une gamme chromatique plus étendue, suivant la tradition locale.

Ces mosaïques représentaient essentiellement des scènes de la mythologie, de la vie quotidienne, de chasse et de pêche.

L'un des principaux intérêts des mosaïques romaines est de nous renseigner sur la vie quotidienne de la population à cette époque. En effet, dans de nombreux vestiges, les motifs des pavements en mosaïque ont permis aux archéologues d'identifier les différentes pièces des habitations.

Mosaïque de l'îlot Joinville, musée de Cherchel.

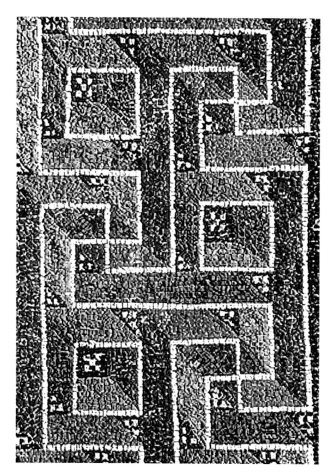

Mosaïques byzantines

L'art chrétien et l'art byzantin nous ont légué de superbes mosaïques murales. Les mosaïques réalisées dans divers sites de l'empire byzantin comptent en effet parmi les plus belles. Les motifs principaux sont figuratifs et représentent des figures chrétiennes ou des figures de rois et d'empereurs.

Les plus anciennes mosaïques se trouvent dans des sites éloignés de Constantinople. Ainsi Ravenne abrite-t-elle l'un des ensembles les plus importants de l'art byzantin. Ses splendides revêtements en mosaïque produisent une impression très particulière. Dans leur composition, l'artiste a tenu compte des jeux de lumière sur la mosaïque. L'emploi de tesselles en pâte de verre et leur disposition favorisent les contrastes et intensifient les reflets de la lumière. Les couleurs utilisées, essentiellement du vert, du bleu et du doré, transforment les murs, qui semblent comme revêtus de tapisseries.

L'intérieur du mausolée de Galla Placidia est également décoré avec un grand raffinement. Les marbres, partant du sol, habillent entièrement les murs.

Détail de la mosaïque qui recouvre l'une des voûtes du mausolée de Galla Placidia, V-VIᵉ siècle, Ravenne.

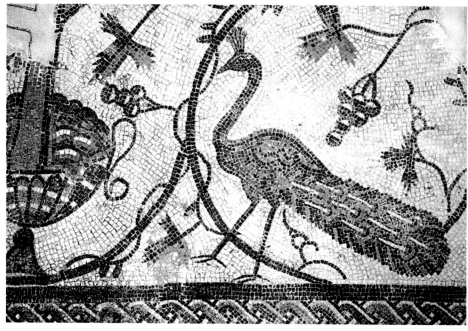

Mosaïque murale, VIᵉ siècle, monastère du Monte Nebo.

*Théodora et Justinien.
détail de la mosaïque de
Saint-Vital, à Ravenne.*

La partie supérieure est recouverte de mosaïques à fond bleu.

Les mosaïques du presbytère de l'église Saint-Vital, à Ravenne, datant de l'an 547, se distinguent elles aussi par leur beauté.

À Constantinople, les mosaïques figuratives byzantines des monuments religieux ont, hélas, été détruites. La grande coupole de Sainte-Sophie était entièrement recouverte d'une mosaïque dorée, et avait été décorée en l'an 563 d'une gigantesque croix. Toutes les autres coupoles et demi-coupoles étaient revêtues de mosaïques. Cependant, certains fragments ont été conservés, parmi lesquels la mosaïque se trouvant dans la galerie de la partie réservée aux femmes. Elle représente l'impératrice Zoé et son troisième époux, Constantin IX, entourant Jésus qui les bénit. Il est intéressant d'observer que les visages des personnages ne sont pas en mosaïque, mais qu'ils ont été peints. En effet, l'impératrice s'est mariée trois fois et a fait modifier chaque fois la représentation de la tête de son époux, de même que son nom, inscrit en mosaïque.

*Christ trônant entre
l'empereur Constantin IX
Monomaque et l'impératrice
Zoé, vers 1042,
Sainte-Sophie, Istanbul.*

*La carte-mosaïque de Madaba, VIe siècle,
église Saint-Georges, Madaba.*

Une curiosité :
la carte-mosaïque de Madaba

Cette ville décorée de mosaïques, Madaba, se situe au sud d'Amman, en Jordanie. La plupart des mosaïques qui s'y trouvent appartiennent aux époques byzantine et omeyade. Quiconque se rend à Madaba ne doit pas manquer d'aller admirer la remarquable carte-mosaïque de Palestine dans l'église grecque orthodoxe Saint-Georges.

La carte-mosaïque de Madaba est l'une des principales sources d'information sur la topographie de la Palestine byzantine et de la Basse-Égypte. C'est la carte la plus ancienne de la Terre sainte, réalisée selon des critères cartographiques actuels. Très précise, elle date du VIe siècle, et a été probablement élaborée sous le règne de l'empereur Justinien (527-565). Le plus étonnant est qu'aucune carte aussi précise de la région n'a été réalisée avant l'avènement de la cartographie moderne, au XIXe siècle.

Ce qui subsiste de cette mosaïque couvre une superficie d'environ 30 m^2 (entre 700 000 et 800 000 tesselles). Selon les recherches archéologiques menées durant les travaux de restauration en 1965, la carte mesurait à l'origine environ 15,60 × 6 m, soit plus de 93 m^2. En calculant le temps qu'il faudrait à un mosaïste pour mettre en place les tesselles, on en a conclu que si cette œuvre a été exécutée par un seul homme, il lui a fallu 558 jours pour élaborer la mosaïque, à raison de 10 heures par jour. Cela sans compter le temps de préparation, comme le nivellement du terrain, la coupe des tesselles…

Cette mosaïque a été réalisée à l'aide de pierres de différentes couleurs : de blanc, de noir, de quatre tons de vert, de divers tons de bleu, marron, violet, rose, gris, jaune… Elle se compose d'éléments très divers qui peuvent être regroupés en trois catégories :
a. Le fond, représentant déserts, montagnes, vallées et cours d'eau.
b. Les représentations symboliques de villes, villages, églises et autres édifices, animaux, plantes et motifs purement ornementaux.
c. Les inscriptions grecques, qui précisent les noms des villes ou des événements bibliques.

*Détail de la ville de Jérusalem, VIe siècle,
église Saint-Georges, Madaba.*

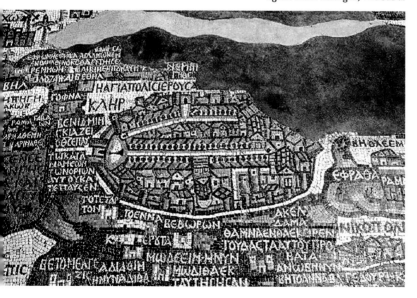

Mosaïques islamiques

L'art de la mosaïque s'est répandu en Orient à partir de la ville de Constantinople. Conformément aux préceptes de la religion islamique, les décorations figuratives ou les représentations de Dieu ou du Prophète étaient interdites. L'ornementation était donc, en général, géométrique ou d'inspiration végétale et florale. Les mosaïques renfermaient très souvent des versets ou phrases extraits du Coran.

Les Arabes ont édifié de splendides monuments décorés de mosaïque, dont le Dôme du Rocher à Jérusalem (VIIᵉ siècle) et la Mosquée des Omeyades à Damas (VIIIᵉ siècle).

Durant le XIIIᵉ siècle, les Turcs seldjoukides d'Asie Mineure ont développé une technique de mosaïque particulière, à base de tuiles vernissées. Ces mosaïques de couleur turquoise, jaune, verte et blanche sur fond bleu de cobalt figuraient des motifs géométriques et incluaient des inscriptions en arabe.

Dôme du Rocher, VIIᵉ siècle, Jérusalem.

Grande Mosquée des Omeyades, VIIIᵉ siècle, Damas.

Madrasa Chir Dor, place du Rigestan, XVIIᵉ siècle, Samarcande.

*Masque de jade représentant
la déesse de l'Eau.*

Art précolombien

Les peuples précolombiens ont développé une technique qui leur était propre pour décorer masques, boucliers, manches de couteaux, miroirs, figures animales et statuettes. Les pièces, en turquoise, en os ou en coquillages, étaient coupées en petits morceaux, et ceux-ci étaient ensuite polis et fixés à l'aide de résine végétale sur un support généralement en bois ou en terre cuite. On peut admirer ce type de mosaïques au Museum of Mankind, à Londres, au Museo Nacional de Antropologia de Mexico et au Museum of the American Indian, à New York.

Art Nouveau

Ce mouvement artistique qui s'est développé en Europe à la fin du XIXᵉ siècle et dans le premier quart du XXᵉ siècle a donné un nouvel élan à la mosaïque.

Les façades et l'intérieur des édifices ont été revêtus de multiples carreaux de mosaïque, et celle-ci a également

*Palais de la Musique, édifié par
l'architecte Doménech i Muntaner,
mosaïque de Lluis Bru, 1908, Barcelone.*

été employée à la décoration du mobilier urbain et des parcs.

Le célèbre architecte catalan Antonio Gaudí donna une forte impulsion à la mosaïque et contribua à la populariser. Il employa la technique du *trencadis*, concevant des mosaïques à base de petits fragments de céramique irréguliers et de couleurs très variées, pour recouvrir les façades de certains édifices, les cheminées, les bancs, etc. Il employait des débris de vaisselle cassée récupérés, mais aussi divers fragments de verre.

Aujourd'hui, différentes tendances se manifestent dans la mosaïque contemporaine. Elle reste un moyen d'expression plastique généralement lié à l'architecture, à l'urbanisme et à la décoration d'intérieur, mais elle se développe de plus en plus comme loisir créatif chez les personnes qui recherchent une activité manuelle artistique.

Antonio Gaudí, mosaïque moderniste, 1914, Parc Güell, Barcelone.

Mosaïque moderne d'Athos Bulcao, XXᵉ siècle.

15

MATÉRIAUX

Par matériaux, il faut entendre tous les éléments permettant d'élaborer les pièces ou tesselles qui composent une mosaïque. Ces matériaux peuvent être variés. Les plus classiques sont la céramique ou le verre, mais, avec un peu d'imagination, vous pouvez en exploiter d'autres et obtenir des effets surprenants.

Dans ce chapitre, nous vous présentons les matériaux dont la manipulation et la coupe ne présentent pas de difficulté, qui sont faciles à trouver et qui donnent de bons résultats.

16

Carreaux de céramique

Par la grande variété de couleurs et de textures qu'elle offre, sa facilité de coupe et son faible coût, la céramique est très employée pour élaborer des mosaïques. Il en existe divers types, que l'on trouve facilement dans les magasins de bricolage ou de décoration, surtout ceux spécialisés dans l'aménagement des cuisines et des salles de bains, ou chez les revendeurs de matériaux de construction.

Carreaux de céramique à surface mate

Leur matité leur donne un aspect ancien, qui est tout à fait approprié à la réalisation de mosaïques gréco-romaines.

Échantillons de carreaux de céramique émaillée

Comme vous pouvez le voir ci-contre, la gamme des coloris est très riche. Ces carreaux servent au revêtement des murs ou des sols de cuisines et salles de bains. Tenez compte de leur épaisseur car, généralement, les carreaux utilisés pour recouvrir les sols sont assez épais, et donc plus difficiles à couper.

Il est recommandé d'employer des carreaux destinés au revêtement des murs, car non seulement ils sont plus faciles à couper, mais ils offrent également une plus grande variété de teintes.

Les mosaïques composées de tesselles provenant de carreaux de céramique ornés de motifs, éventuellement associées à des tesselles de couleur unie, sont d'une grande beauté. De telles tesselles conviennent aussi très bien à la réalisation d'une mosaïque semblable à un patchwork. Les carreaux présentés ici ont été trouvés à Istanbul. Tirez profit de vos voyages pour élargir votre collection de carreaux.

Pâte de verre

Les tesselles en pâte de verre offrent le plus grand choix de couleurs et se présentent en général sous forme de plaques de 30 × 30 cm collées sur un support papier qu'il est facile d'éliminer en l'humidifiant avec de l'eau.

Certaines tesselles en pâte de verre sont destinées au revêtement des piscines.

Plaques de verre coloré

Les plaques de verre coloré présentent une grande variété de coloris et de textures. Certaines ne sont pas de teinte uniforme, mais jaspées, déclinant une même couleur dans une infinité de nuances dégradées. Elles sont particulièrement belles quand elles sont exposées à la lumière. Si, de plus, on les utilise sur un support en verre, on obtient, grâce à leur translucidité, de superbes résultats.

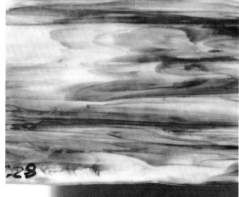

Divers matériaux de récupération

Associés ou non à des matériaux plus classiques, comme la céramique ou le verre, ils conviennent parfaitement à l'élaboration de mosaïques. La plupart de ces matériaux de récupération proviennent d'objets cassés ou qui, en principe, ne servent plus à rien.

Ce cabochon en verre faisait à l'origine partie d'une bague qui s'est brisée.

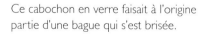

Vous pouvez utiliser des débris de vaisselle cassée pour réaliser des mosaïques. Les fragments ont souvent une forme bombée et sont particulièrement adaptés à l'élaboration de mosaïques sur des surfaces courbes.

Élément de bracelet pouvant être recyclé.

Pièces en verre teinté provenant d'un abat-jour cassé. Plutôt que de les jeter, il est conseillé de conserver de telles pièces, car elles peuvent toujours être les bienvenues pour composer une mosaïque.

19

Émaux

On en trouve de différentes qualités. Avec certaines pièces de céramique émaillée, on peut réaliser des créations particulièrement originales.

Cette pièce avait servi à agrémenter l'emballage d'un cadeau.

Coquillages

Profitez d'une journée passée à la plage pour ramasser des coquillages qui pourront trouver leur place dans une mosaïque.

Cabochons en verre teinté

Les cabochons peuvent être utilisés seuls ou associés à d'autres matériaux.

Divers types de perles.

Comment trier et conserver les matériaux

Cela vaut la peine de consacrer du temps au tri des matériaux récupérés et des pièces et tesselles provenant de mosaïques déjà réalisées. Une bonne manière de les conserver est de les classer par couleur dans une boîte compartimentée ou dans des récipients séparés.

Cette opération préliminaire vous permettra de travailler d'une manière ordonnée, et vous évitera de perdre du temps à rechercher les matériaux.

Ces morceaux de céramique qui ont été coupés pour réaliser diverses mosaïques mais qui n'ont pas encore été utilisés sont conservés en vrac. C'est une bonne solution si vous voulez composer une mosaïque variée avec des tesselles de différentes tailles et couleurs.

SUPPORTS

Le support est la surface sur laquelle on élabore une mosaïque. Pour le choisir, tenez compte du lieu de destination de la mosaïque. Si celle-ci doit se trouver dans un endroit situé à l'abri des intempéries, vous pouvez utiliser un grand nombre de supports : verre, miroir, bois…

Si, en revanche, la mosaïque doit être placée à l'extérieur, il vous faut choisir le support avec soin, pour éviter qu'il ne s'abîme trop. Il convient d'utiliser un support durable. Si vous envisagez d'employer un support en bois, recouvrez-le d'une couche de peinture pour usage extérieur afin de le protéger et de l'imperméabiliser. Si vous ne le faites pas, la pluie pénétrera dans le bois, le déformera, et votre mosaïque sera à son tour endommagée.

Ces supports en bois sont parfaits pour des mosaïques d'intérieur. Vous pouvez les découper à la scie sauteuse pour leur donner des formes variées et originales.

*De multiples objets
peuvent servir de support
à une mosaïque. Il vous
suffit de faire preuve
d'imagination et d'étudier
s'ils conviennent ou non
à cet emploi. Outre les
exemples présentés, on
peut penser à d'autres
types de supports,
comme une boîte,
un vase, un photophore,
un plateau…*

Coupe

Vous pouvez
métamorphoser une
simple coupe si vous en
recouvrez l'intérieur de
mosaïque. Au chapitre 8 de ce livre,
nous avons choisi de décorer cette
coupe d'une mosaïque composée
de tessselles en verre, afin d'exploiter
la translucidité du matériau.

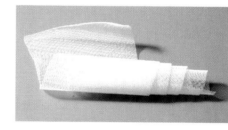

Pot ou jardinière

Ils apportent une touche originale au décor
d'un balcon, d'une terrasse ou d'un jardin.
Vous trouverez au chapitre 11 un exemple de
mosaïque réalisée sur un pot en terre cuite.

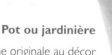

Vous pouvez aussi décorer un miroir
avec de la mosaïque, à condition
d'employer la colle adéquate : colle
blanche ou silicone.

Filet en fibre de verre

Utilisé surtout pour élaborer des mosaïques sur
des surfaces qui ne sont pas planes, car sa texture
lui permet de s'adapter à n'importe quelle forme,
on l'emploie également pour réaliser des
panneaux muraux, le filet faisant alors partie
intégrante de la mosaïque.

Pourquoi ne pas décorer
un cadre photo avec de la
mosaïque ? C'est une excellente
idée de cadeau. La surface
à décorer, de taille réduite,
permet d'obtenir rapidement
d'excellents résultats.
Au chapitre 10, vous verrez
comment habiller un cadre
avec une frise en mosaïque.

Le mortier peut également
servir de support
à la mosaïque, lorsque
vous avez recours à la
technique indirecte.

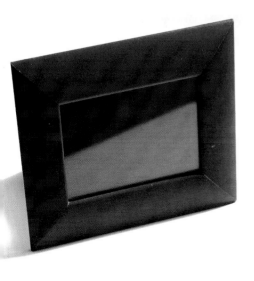

COLLES

Il est important de choisir les colles en fonction de la nature du support et des matériaux. Si la colle n'est pas appropriée, les tesselles peuvent ne pas adhérer correctement au support et s'en détacher au bout d'un certain temps.

Colle blanche ou colle vinylique

Cet adhésif non soluble dans l'eau permet de coller la mosaïque sur des supports en bois, en matière plastique ou en verre. Elle assure un fixage très solide des éléments. C'est la colle la plus employée quand il s'agit de recouvrir de mosaïque des surfaces horizontales.

Silicone transparente

C'est la colle la plus appropriée pour travailler sur des surfaces verticales, car son adhésion est instantanée et elle permet à la tesselle de ne pas glisser, ce qui se produirait avec la colle vinylique. On l'utilise aussi lorsque le matériau employé est le verre. Dans ce cas, c'est une question d'esthétique, car, étant transparente, elle assure une meilleure finition : la colle vinylique resterait visible au travers des tesselles (vous pouvez préférer qu'elle soit apparente, pour un effet particulier).

Gomme arabique ou colle à papier hydrosoluble

Cet adhésif à base d'eau est utile pour coller de manière provisoire la mosaïque sur du papier kraft ou d'emballage, surtout si vous travaillez en méthode indirecte.

Ciment-colle pour carrelage

Il permet de coller les tesselles des mosaïques murales ou de pavement et de les préserver au maximum de l'humidité.

COLLES À UTILISER EN FONCTION DU SUPPORT ET DES MATÉRIAUX

MATÉRIAUX / SUPPORTS	CÉRAMIQUE	VERRE PÂTE DE VERRE	ÉMAUX	PIERRES ET GALETS
BOIS / MÉDIUM CONTREPLAQUÉ	colle blanche	colle blanche silicone	colle blanche	colle blanche
VERRE / MIROIR	silicone colle blanche	silicone	silicone	silicone
CÉRAMIQUE	colle blanche	silicone	colle blanche	colle blanche
PLASTIQUE	colle blanche	colle blanche silicone	colle blanche	colle blanche
MARBRE	colle blanche ciment-colle	silicone	colle blanche ciment-colle	colle blanche ciment-colle
MOSAÏQUE VERTICALE (pour filet en fibre de verre)	silicone	silicone	silicone	silicone
MOSAÏQUE VERTICALE (pour pot ou jardinière, par exemple)	silicone	silicone	silicone	silicone
TECHNIQUE INDIRECTE	gomme arabique	gomme arabique	gomme arabique	gomme arabique
MUR	ciment-colle	ciment-colle	ciment-colle	ciment-colle
PAVEMENT	ciment-colle	ciment-colle	ciment-colle	ciment-colle

OUTILS

La plupart des matériaux servant
à réaliser une mosaïque sont si durs
qu'il est nécessaire d'employer des
outils spécifiques pour les couper.
Il est indispensable de savoir
choisir l'outil le mieux adapté
à chaque cas et d'apprendre
à l'utiliser correctement.
Vous trouverez aisément les outils
présentés ici dans les quincailleries,
les magasins de bricolage ou chez
les revendeurs de matériaux de
construction.

Carrelette

Comme son nom l'indique, elle sert
à couper les carreaux de céramique.
Son utilisation comporte trois étapes :

▶ **1** Appuyez fermement le carreau
contre la règle graduée dont elle est
pourvue dans sa partie supérieure.

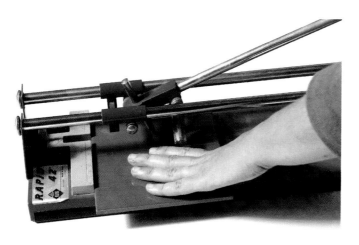

▲ **2** Maintenez le carreau fermement, pour qu'il ne
se déplace pas, et incisez-le de bas en haut avec la
molette métallique qui coulisse entre les deux guides.

▲ **3** Pour finir, exercez une légère pression
vers le bas avec le levier pour casser le carreau
le long de la ligne de coupe.

24

Pinces

Ce sont les outils les plus utilisés par le mosaïste pour couper ou mettre en forme divers matériaux comme la céramique, les pierres, les tesselles en pâte de verre ou les petits morceaux de verre.

Il existe différents modèles de pinces, parmi lesquels la pince de carreleur et la pince japonaise, que vous pouvez acquérir dans une quincaillerie ou chez un revendeur de matériaux de construction.

Pince japonaise

Elle comporte des bords tranchants et permet de couper les tesselles en céramique ou en verre, ou encore les pâtes de verre.

Le mode d'emploi de ce genre de pince est simple : saisissez la pince par l'extrémité de ses bras, pincez fortement le matériau que vous voulez couper, puis exercez une légère pression pour le sectionner.

CONSEILS POUR LE CHOIX DES PINCES

• Il ne faut pas lésiner sur la qualité des pinces, car on les utilise constamment. Nous vous recommandons de vous faire conseiller par un spécialiste.

• Une pince munie d'un ressort est plus facile à manipuler et récupère automatiquement sa position d'ouverture ; elle économise ainsi les efforts.

• Les bras des pinces doivent être longs. Plus ils seront longs, moins vous aurez à exercer de pression pour couper le matériau.

Coupe-verre à molette

Il existe deux types d'outils pourvus d'une molette diamantée permettant de rayer les plaques de verre. Vous pouvez utiliser l'un ou l'autre indifféremment.

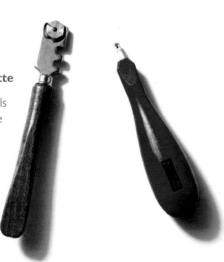

Pince à détacher le verre

Munie d'un ou deux becs plats, elle permet de serrer et de diviser la plaque de verre au niveau de la ligne de coupe tracée avec le coupe-verre. En exerçant une pression, on fractionne la plaque de verre le long de cette ligne.

Auge, couteaux à enduire et truelles

L'auge, généralement en caoutchouc, est le récipient dans lequel on gâche le mortier. À l'aide d'un couteau ou d'une truelle, on remue la préparation jusqu'à ce que le mortier ait atteint la bonne consistance. Dans la technique de réalisation des mosaïques dite « indirecte », on se sert d'une truelle pour étaler le mortier au revers de la mosaïque.

Pince à bec-de-perroquet

Elle est très pratique quand les morceaux de verre à couper sont de petite taille. Avant de l'utiliser, il est nécessaire de rayer la pièce, pour assurer une meilleure prise.

Marteau

Il permet de casser des carreaux en fragment inégaux.

26

Masse et burin

Très utiles pour casser les roches qui, en raison de leur épaisseur, ne peuvent être fractionnées à la pince.

MATÉRIEL COMPLÉMENTAIRE

En dehors des outils déjà présentés, il est également indispensable de vous munir de divers accessoires de protection, ainsi que d'un matériel de dessin et de nettoyage.

Lunettes de protection

Vous n'êtes pas obligé d'en porter pour couper de la céramique bien que cela soit vivement recommandé, mais elles sont indispensables lorsque vous coupez du verre, pour vous protéger des éclats.

Masque

Nous vous conseillons de mettre un masque anti-poussières quand vous manipulez du ciment.

Gants

Le port de gants épais est recommandé pour la manipulation du verre. Pour travailler le ciment ou appliquer certaines colles, il est conseillé de choisir des gants en latex, plus fins.

Crayons de couleur et bâtonnets de cire

Vous les utiliserez pour exécuter le motif choisi comme modèle, avant d'élaborer la mosaïque. Ils vous permettront de faire des essais de combinaisons de couleurs et de choisir celle qui convient le mieux à chaque cas.

Vous serez également amené à utiliser un crayon à papier, un feutre, une gomme, un taille-crayon, une règle, des pinceaux…

Feuilles à dessin et papier carbone

Indispensables à l'exécution du dessin et à son transfert sur le support de la mosaïque.

Équerre

Elle peut être en métal, en bois ou en matière plastique. Ses bras doivent former un angle de 90°. Elle vous sera très utile pour tracer des perpendiculaires.

Voici quelques éléments qui ne sont employés que pour élaborer des mosaïques selon la technique indirecte, c'est-à-dire en utilisant un support provisoire :

- Grillage métallique : il intervient pour servir de maintien aux mosaïques de grand format et leur conférer la consistance nécessaire.
- Plastiline
- Ruban adhésif
- Coffrage en bois

Matériel de ponçage et de nettoyage

- Éponge
- Brosse en chiendent
- Tampon en fibres d'alfa
- Papier abrasif
- Pierre à affûter : vous l'utiliserez pour poncer les chants des tesselles et leur donner une finition parfaite.
- Brosse plate : elle sert à éliminer les résidus de poudre de ciment.

Lavette et papier essuie-tout

Ils sont utiles pour laver et sécher matériaux et outils.

Nous allons maintenant passer en revue quelques méthodes anciennes d'agencement des tesselles connues sous le nom d'*opus*, mot d'origine latine signifiant *œuvre, ouvrage* ou *travail*. Nous verrons que la disposition des tesselles permet de créer différents effets de mouvement, de structure et de définition, tout en ayant une influence décisive sur l'aspect final de la mosaïque.

Les mosaïques pour lesquelles il faut se conformer à certaines règles d'assemblage exigent un travail long et laborieux. Il faut couper les tesselles de façon très régulière et les ajuster au mieux, en laissant peu d'espace entre elles.

Dans les mosaïques monochromes, qui ne font appel qu'à une seule couleur, il est indispensable de jouer sur la disposition des tesselles, car c'est la seule manière de distinguer les différents éléments composant la mosaïque.

Le meilleur moyen d'aborder ces diverses techniques est de partir d'exemples concrets, ce que nous faisons ci-après en vous présentant trois mosaïques réalisées selon des techniques d'assemblage différentes. Elles ont été élaborées à partir d'un même motif, des tiges de bambou, mais dans chacune d'elles, les tesselles ont été disposées différemment.

Après avoir exécuté un motif et décidé de la manière de couper les tesselles, vous devrez opter pour un mode d'assemblage particulier. C'est ce mode d'assemblage qui fait que les trois mosaïques proposées à titre d'exemple dans ce chapitre offrent un aspect si différent.

Dans cet exercice, le dessin de la mosaïque est entièrement composé de courbes concaves et convexes que nous avons décidé de souligner en posant les tesselles du motif central en *opus vermiculatum*. La réalisation du fond va servir à mettre en pratique différentes manières d'assembler les tesselles. Nous allons ainsi créer une mosaïque très contrastée, de style moderne, avec un effet de mouvement, mais d'inspiration gréco-romaine.

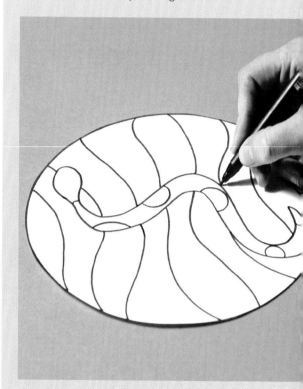

Après avoir exécuté le dessin de la mosaïque, il faut réfléchir au mode d'assemblage des tesselles, qui peut donner à la mosaïque un aspect très différent et sera dicté par l'effet recherché.

Dessin du motif décoratif

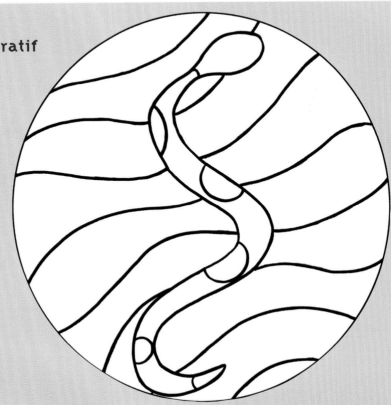

▼ **1** Commencez par recouvrir de tesselles le motif principal, qui est ici un serpent. Pour former la tête, posez une tesselle au centre et entourez-la de tesselles coupées sur mesure. Pour le reste du corps, les tesselles doivent suivre parfaitement le contour incurvé, suivant la technique de *l'opus vermiculatum*.

▲ **2** Nous avons choisi ici de recouvrir les plages ondulées qui forment le fond en utilisant pour chacune une couleur distincte et en disposant les tesselles différemment. Posez les tesselles sur la première bande en suivant le contour de la soucoupe.

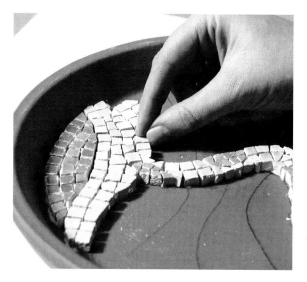

▲ **3** Après avoir recouvert la première bande de tesselles orangées, recouvrez la deuxième bande de tesselles jaune pâle, pour accentuer le contraste.

▲ **4** Recouvrez la troisième bande en posant les tesselles transversalement. Pour faciliter le travail, commencez par poser les tesselles entières à l'intérieur des limites, puis couvrez l'espace restant en coupant les tesselles sur mesure.

▶ **5** Posez ensuite les tesselles de la quatrième bande en suivant le contour ondulant. D'abord deux rangées de tesselles entières, puis des rangées de tesselles coupées au bon angle pour pouvoir suivre le contour.

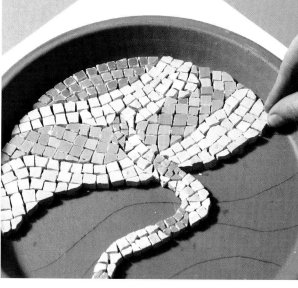

◀ **6** Voici l'aspect présenté par la soucoupe recouverte aux trois quarts de mosaïque. Il est clair que le mode de disposition des tesselles accentue l'effet de mouvement, tant en ce qui concerne le motif du serpent que pour le fond composé de différents tons couleur terre.

Opus tessellatum
et opus vermiculatum

Ci-contre, deux techniques différentes ont été utilisées, une pour le fond et une autre pour le motif.

Le fond a été réalisé selon la technique de l'opus tessellatum. Les tesselles ont été coupées en carrés de la même taille et posées les unes à la suite des autres en lignes verticales et horizontales. Pour le motif formé par les tiges et les feuilles, les tesselles ont été disposées selon la technique de l'opus vermiculatum. Le terme vermiculatum vient du latin vermis, qui signifie «ver». Il s'explique par le fait que les tesselles épousent parfaitement le contour du motif, ce qui évoque la souplesse du lombric. En les disposant ainsi, on confère du volume et du mouvement aux feuilles et aux tiges. Ce mode d'assemblage est très caractéristique des mosaïques figuratives, car, en soulignant les volumes, il donne au motif un mouvement et un effet plastique similaires à ceux des touches d'un tableau. L'association de ces deux techniques permet au motif de se détacher du fond, non seulement grâce aux couleurs, mais également à la façon dont sont disposées les tesselles.

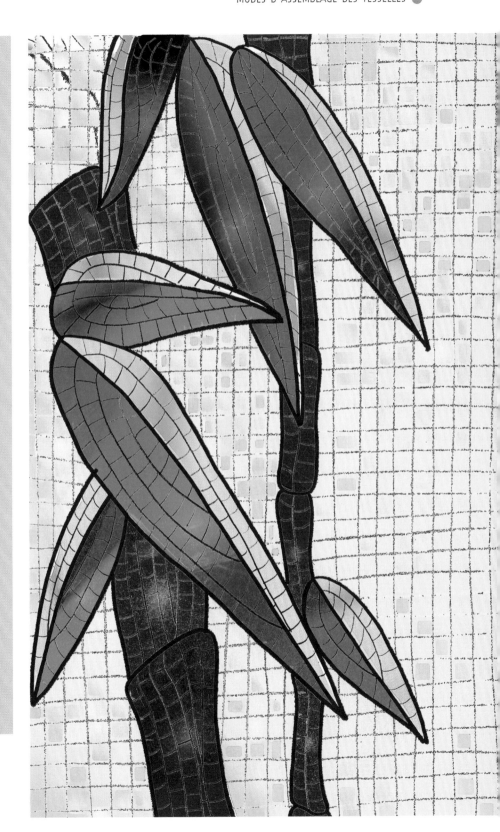

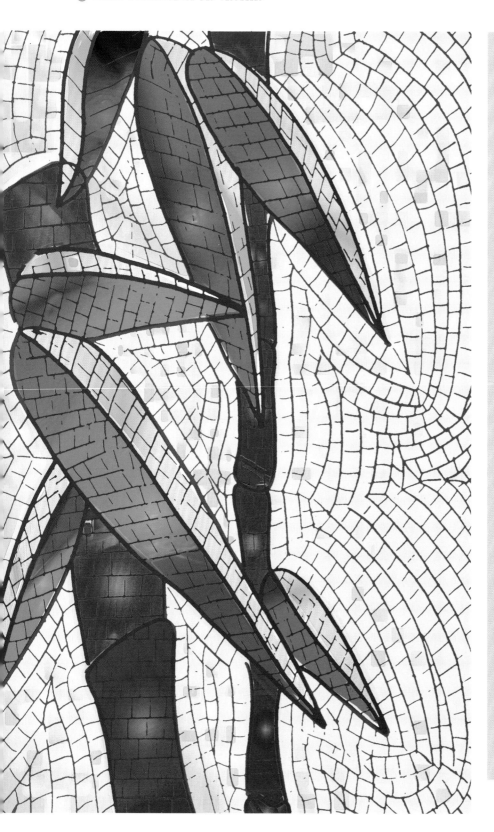

Opus vermiculatum, opus regulatum et opus spicatum

Cette fois, trois techniques ont été employées dans l'élaboration de cette mosaïque, une pour le fond et deux pour le motif : respectivement pour les tiges et les feuilles.

Les tesselles du fond ont été disposées selon la méthode de l'opus vermiculatum, que nous avons vue précédemment. Elles suivent le contour du motif. Il existe une variante de cette technique, qui a souvent été employée dans les mosaïques gréco-romaines. Elle consiste à disposer autour du motif trois ou quatre rangées de tesselles qui en épousent le contour, puis de poursuivre avec un opus tessellatum. On réussit ainsi à créer un effet de volume et de mouvement, tout en raccourcissant le temps de réalisation de la mosaïque, les tesselles étant plus faciles à poser dans la technique de l'opus tessellatum que dans celle de l'opus vermiculatum.

Les tiges du bambou ont été réalisées selon la méthode de l'opus regulatum, variante de l'opus tessellatum, les tesselles de chaque rangée étant décalées par rapport à celles de la rangée précédente.

Enfin, les tesselles des feuilles ont été assemblées selon la méthode de l'opus spicatum, c'est-à-dire disposées en épi. L'effet de division des deux parties des feuilles est ici renforcé.

Opus incertum, opus reticulatum et opus musivum

Enfin, nous avons eu recours ici à trois techniques, une pour le fond et deux pour le motif: respectivement pour les tiges et les feuilles.

Les tesselles du fond du motif ont été coupées en formes irrégulières et disposées de façon aléatoire, procédé connu sous le nom d'opus incertum. C'est sans aucun doute la technique qui permet d'avancer le plus rapidement dans la réalisation d'une mosaïque.

Les tiges ont été traitées selon les principes de l'opus reticulatum, les tesselles étant disposées en diagonale.

Les feuilles ont été réalisées selon la méthode de l'opus musivum, les tesselles étant disposées en rangées arquées ou incurvées. Nous aurions pu présenter d'autres possibilités de combinaison de techniques d'assemblage des tesselles pour le motif ou le fond, en associant la technique employée pour réaliser le fond dans l'un des exemples précédents à celle employée pour le motif dans un autre exemple.

En fait, au moment de choisir la disposition des tesselles d'une mosaïque, l'essentiel est de retenir celle qui convient le mieux au style que l'on veut donner à sa création.

Il ne fait aucun doute que le goût personnel joue un rôle déterminant dans ce choix.

Les mosaïques peuvent être élaborées selon deux méthodes distinctes : la technique directe et la technique indirecte. En général, la technique la plus couramment utilisée est la technique directe, car elle est plus rapide et plus simple à mettre en œuvre.

TECHNIQUE DIRECTE

Les principales étapes de la technique directe sont les suivantes :

1. Exécution d'un motif qui est ensuite transféré sur le support.
2. Pose des tesselles une à une sur le support à l'aide de la colle appropriée (selon la nature du matériau et du support employés) en suivant le motif.
3. Après collage des tesselles, et quand la colle a séché, colmatage des interstices les séparant à l'aide d'un ciment-joint.
4. Nettoyage de la mosaïque pour éliminer l'excédent de ciment.

Nous vous proposons ci-après un exercice vous permettant de mettre en application la technique directe étape par étape. Lorsque nous vous avons présenté les différents supports pouvant recevoir une mosaïque, vous avez pu constater qu'il existait un grand nombre de possibilités. Nous avons essayé dans cet ouvrage de vous fournir une palette d'idées, mais il est vrai qu'il en existe bien d'autres. Avec un peu d'imagination, vous pourrez élaborer des mosaïques sur toutes sortes d'objets qui resteront néanmoins fonctionnels tout en étant mis en valeur. Vous éprouverez ainsi la grande satisfaction de les avoir métamorphosés de vos propres mains.

PAS À PAS : TECHNIQUE DIRECTE

Pour cet exercice illustrant étape par étape la technique directe, nous avons décidé de décorer de mosaïque le couvercle d'un petit coffret en bois. Nous avons choisi des carreaux de céramique aux couleurs très naturelles, dans des tons orangés, terre et beiges, et des cabochons en verre teinté. La colle utilisée sera de la colle vinylique, idéale pour fixer la céramique sur un support en bois. La silicone transparente permettra de coller les cabochons en verre.

Matériaux et outils

- Coffret en bois
- Carreaux de céramique
- Cabochons en verre teinté
- Carrelette
- Pince japonaise
- Silicone transparente
- Colle vinylique
- Feuille de papier
- Crayon à papier
- Crayons de couleur
- Couteau à enduire
- Ciment-joint de couleur terre
- Éponge
- Gants et lunettes de protection

Dessin du motif décoratif

▸ **1** Commencez par dessiner le motif de la mosaïque sur une feuille de papier et définissez les couleurs que vous allez employer.

Coupe des pièces

La préparation des matériaux est une étape importante du processus d'élaboration d'une mosaïque. Nous vous expliquons ci-après comment découper les tesselles.

▸ **2** À la carrelette, découpez tout d'abord les arêtes du carreau pour obtenir les tesselles qui formeront le pourtour de la mosaïque.

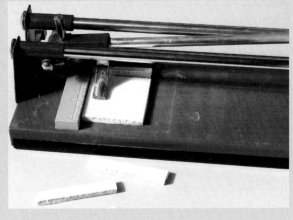

◂ **3** Comme vous pouvez le voir, les premières bandes découpées à la carrelette correspondent aux arêtes du carreau qui, utilisées en bordure, assureront une finition nette à la mosaïque.

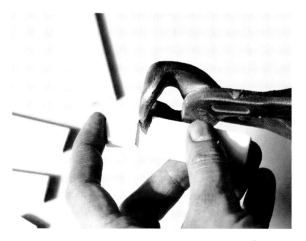

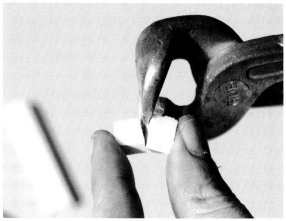

▲ **4** À l'aide de la pince japonaise,
divisez ces bandes en petites tesselles.

◀ **5** Tracez un quadrillage sur
le couvercle du coffret : cela vous
servira de guide pour la mise en
place des tesselles.

Pose des tesselles sur les lignes du quadrillage

Après avoir tracé un quadrillage sur le
couvercle du coffret, vous allez en recouvrir
les lignes de tesselles. Posez tout d'abord
les tesselles à arêtes arrondies sur le pourtour,
puis complétez l'intérieur par les tesselles
à arêtes vives.

◀ **6** Appliquez la colle
vinylique sur tout le pourtour
du couvercle.

▲ **7** Posez les tesselles une à une. La première tesselle mise en place comporte un double chant : elle correspond à l'angle du carreau et doit être située dans l'angle du couvercle du coffret. Dans les trois autres angles, vous utiliserez également des tesselles à double chant.

▲ **8** Voici l'aspect présenté par la bordure quand toutes les tesselles ont été mises en place.

▶ **9** Procédez de la même façon pour recouvrir les lignes internes du quadrillage. Appliquez la colle vinylique sur les lignes…

▼ **10** … puis posez les tesselles à arêtes vives.

▶ **11** Voici l'aspect du couvercle après achèvement de cette étape.

Mise en place des cabochons

Quand vous aurez mis en place toutes les tesselles formant le quadrillage, vous passerez à l'étape suivante, qui consiste à décorer les espaces internes. Procédez posément, car le choix des couleurs et la pose des cabochons doivent être effectués de façon méticuleuse.

◀ **12** Pour coller les cabochons de verre, utilisez de la silicone transparente. Ainsi, le support en bois restera visible au travers des cabochons. Appliquez la silicone en couche épaisse.

Généralement, la silicone est employée pour rehausser les tesselles, c'est-à-dire, plus exactement, pour les surélever. Dans le cas présent, la silicone permet de mettre en relief les cabochons par rapport aux tesselles en céramique. Utilisez un volume suffisant de silicone pour éviter que les cabochons ne soient trop enfoncés et ne ressortent pas suffisamment : dans le cas contraire, ils seraient en grande partie recouverts par le ciment-joint.

▲ **13** Décorez d'un cabochon un carré sur deux.

◀ **14** Voici l'aspect du coffret après la mise en place des cabochons. Les tesselles délimitent des carrés qui sont occupés par les cabochons à raison d'un carré sur deux.

Pose des tesselles dans les carrés restés libres

Après avoir collé tous les cabochons, il ne vous reste plus qu'à recouvrir les carrés restés libres avec des tesselles coupées en petits cubes. Vous pouvez combiner les couleurs pour introduire différentes nuances. Certains carrés peuvent être remplis de tesselles de couleur foncée, d'autres de couleur claire, ou d'une association des deux. Soignez l'harmonie des couleurs et faites preuve, là encore, d'une grande minutie dans la disposition des tesselles.

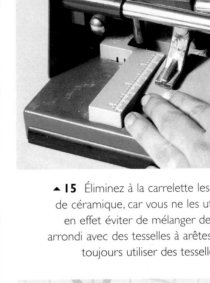

▲ **15** Éliminez à la carrelette les bords du carreau de céramique, car vous ne les utiliserez pas ; il faut en effet éviter de mélanger des tesselles à chant arrondi avec des tesselles à arêtes vives. Mieux vaut toujours utiliser des tesselles du même type.

Les carreaux de céramique utilisés sont de couleur terre, saumon et orangée, appartenant donc à une même gamme chromatique. Les tesselles obtenues sont ainsi de même tonalité, certaines plus foncées, d'autres plus claires, et peuvent être associées en différentes combinaisons.

▲ **16** Après avoir découpé des bandes à la carrelette, fractionnez-les à la pince pour obtenir de petites tesselles cubiques.

▶ **17** Appliquez de la colle vinylique sur le support en bois. Il est préférable de procéder par étapes, pour que la colle n'ait pas le temps de sécher.

41

▲ **18** Assurez-vous que les tesselles compartimentant la surface sont bien collées, pour ne pas risquer de les déplacer en insérant les suivantes. Puis, en vous aidant éventuellement d'une petite pince, posez les nouvelles tesselles une à une avec soin.

▲ **19** Remplissez avec patience et minutie les espaces libres.

◀ **20** Lorsque vous aurez achevé la mise en place de toutes les tesselles, attendez que la colle soit bien sèche pour pouvoir appliquer le ciment-joint qui comblera les interstices et donnera son aspect final à la mosaïque.

Jointoiement

La teinte du ciment-joint doit être en harmonie avec celle des matériaux utilisés, à moins que vous ne vouliez créer un effet de contraste. Nous avons choisi ici un ciment de couleur ocre d'un ton chaud.

▶ **21** Versez le ciment en poudre dans un récipient et ajoutez lentement de l'eau.

▲ **22** Mélangez jusqu'à obtention d'une pâte ayant la consistance d'une bouillie.

▲ **23** Exercez une légère pression avec le couteau pour bien faire pénétrer le ciment dans les interstices.

▶ **24** Une fois que le joint a pénétré entre les interstices, enduisez de ciment les bords de la mosaïque, en l'appliquant de bas en haut.

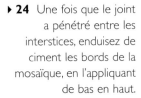

43

◀ **25** Éliminez ensuite l'excédent en passant le couteau perpendiculairement au coffret.

Finition

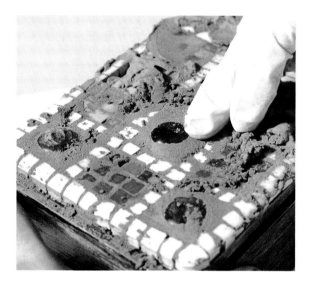

Cette étape est loin d'être négligeable, car c'est d'elle que dépend en grande partie l'aspect final de la mosaïque. Apportez-y donc toute l'attention nécessaire.

◄ **26** Au bout de 20 à 30 minutes, suivant le ciment utilisé (référez-vous toujours aux instructions du fabricant figurant sur l'emballage), éliminez l'excédent de ciment recouvrant la mosaïque.

▶ **27** Comme il s'agit d'une surface de taille réduite sur laquelle les cabochons font saillie, mieux vaut utiliser les doigts pour retirer le surplus de ciment et nettoyer petit à petit toute la mosaïque. Veillez à bien nettoyer le pourtour des cabochons en verre.

◄ **28** Terminez avec une éponge. Si vous voulez que les cabochons en verre brillent davantage, frottez-les avec un chiffon imbibé de produit pour nettoyer les vitres.

Illuminé par cette mosaïque
qui lui confère une grande
élégance, ce coffret est
véritablement métamorphosé.

La technique indirecte est plus laborieuse que la technique directe et comporte un plus grand nombre d'étapes :

TECHNIQUE INDIRECTE

1. Sur un support provisoire, qui peut être en plastiline, en argile ou en sable, tracez le dessin de la mosaïque.

2. Sur ce support, incrustez les tesselles une à une, sans utiliser de colle, en suivant le dessin tracé.

3. Coupez un morceau de papier kraft de la même taille que la mosaïque et enduisez de gomme arabique la face brillante du papier.

4. Collez le papier kraft à la surface de la mosaïque, puis laissez sécher 24 heures, afin que les tesselles soient bien collées au papier.

5. Retournez la mosaïque, de telle sorte que le papier kraft soit dessous et le support dessus.

6. Retirez le support, pour ne conserver que les tesselles collées au papier kraft, la mosaïque étant toujours à l'envers.

7. Placez un cadre de bois autour de la mosaïque pour réaliser un coffrage.

8. Dans ce coffrage, coulez tout d'abord un mortier assez fluide, pour qu'il pénètre bien dans les interstices des tesselles, puis un mortier un peu plus épais.

9. Attendez 2 à 3 jours pour que le mortier prenne, puis retirez le cadre en bois.

10. Retournez alors le bloc de ciment à la surface duquel se trouve la mosaïque recouverte de papier kraft.

11. Passez une éponge humide sur le papier kraft pour le décoller de la mosaïque.

12. Si les joints entre les pièces ne sont pas parfaitement comblés, appliquez un peu de ciment sur la surface de la mosaïque, puis nettoyez-la pour en retirer l'excédent.

PAS À PAS : TECHNIQUE INDIRECTE

La manière la plus rapide et la plus simple d'expliquer la technique indirecte est de la mettre en application dans un exercice détaillé étape par étape.

Dans l'exemple que nous vous proposons, nous avons utilisé des cailloux et des débris de céramique de tailles différentes. Si l'on choisissait la méthode directe pour réaliser cette mosaïque, les pièces ne seraient pas toutes au même niveau. Il est donc indispensable d'utiliser ici la technique indirecte.

Dans quels cas est-il primordial d'utiliser la technique indirecte pour réaliser une mosaïque ?

- Lorsque les matériaux utilisés sont de différentes épaisseurs et que l'on souhaite qu'ils soient tous au même niveau. Toutefois, si quelques pièces sont un peu moins épaisses, on peut résoudre le problème en utilisant de la silicone pour les coller. La consistance de la silicone permet en effet de donner plus de volume aux pièces en les surélevant.
- Lorsque l'on souhaite que la mosaïque ait une base cimentée.
- Lorsque l'on désire réaliser une mosaïque murale qui soit intégrée de façon permanente au mur.

Il convient de souligner que la technique indirecte est un peu plus complexe que la technique directe et comporte un nombre d'étapes plus important. Il est donc préférable, chaque fois que c'est possible, de choisir la technique directe pour réaliser une mosaïque.

Matériaux et outils

- Planche en bois ou aggloméré
- Support provisoire en plastiline
- Cadre de bois
- Truelle
- Crayons de couleur
- Crayon à papier
- Cailloux
- Pince japonaise
- Gomme arabique
- Papier kraft
- Ciseaux
- Sable
- Ciment
- Pinceau
- Gants et lunettes de protection

Si vous vous lancez dans l'élaboration de grandes mosaïques, divisez le motif en carrés de 30 x 30 cm. Et attribuez un numéro à chaque carré, pour ne pas les confondre.

Préparation du support

La réalisation du cadre en bois qui va servir de coffrage est très simple. Procurez-vous un tasseau de 3 x 3 cm ou de 4 x 4 cm et coupez-le en quatre tronçons de la longueur adéquate. Il ne vous reste plus qu'à les assembler avec de la colle vinylique ou à l'aide de clous, pour que l'ensemble soit plus résistant.

À titre d'exemple, le cadre utilisé dans cet exercice est formé d'un tasseau de 3 x 3 cm, dans lequel nous avons coupé deux morceaux d'une longueur de 15 cm et deux morceaux d'une longueur de 21 cm.

▲ ▍ Modelez la plastiline pour former le support provisoire de la mosaïque, qui doit être parfaitement lisse.

▲ **2** Posez délicatement le cadre sur la plastiline.

▲ **3** Exercez une légère pression pour marquer la mesure exacte à laquelle elle doit être coupée

◀ **4** Vous pouvez observer ici la marque laissée par le cadre sur la plastiline.

▶ **5** Retirez l'excédent de plastiline avec une pointe de ciseaux ou au cutter.

48

◀ **6** Tracez sur la plastiline le motif de la mosaïque. Si le dessin est compliqué, exécutez-le d'abord sur une feuille de papier puis transférez-le. Pour cela, posez le dessin sur la plastiline et perforez-en le tracé avec une épingle.

Élaboration des premiers motifs

▲ **7** La mosaïque sera composée de cailloux et de débris de céramique ramassés sur la plage après une tempête.

▲ **8** Mettez en place la première pièce. Comme les éléments n'ont pas tous la même épaisseur, enfoncez-les plus ou moins dans la plastiline pour qu'ils soient tous au même niveau.

49

▲ **10** Jusqu'ici, les pièces ont été disposées à plat. Pour varier la texture de la mosaïque, vous allez maintenant les orienter perpendiculairement au support.

▲ **9** Disposez tout d'abord les éléments formant le contour du motif, puis remplissez l'espace interne.

▶ **11** Avec la pince, divisez les pièces en petits morceaux.

▲ **12** Insérez verticalement ces morceaux dans la plastiline. Selon leur taille, enfoncez-les plus ou moins, pour qu'elles soient toutes au même niveau.

▲ **13** Posez les pièces une à une, en commençant par le contour du motif, pour qu'il soit parfaitement défini, puis recouvrez l'espace interne. Comme vous l'avez vu précédemment, les cailloux sont disposés en suivant le contour selon la technique de pose en *opus vermiculatum*.

◀ **14** Voici l'aspect de la mosaïque à ce stade de la réalisation, après l'élaboration des deux premiers motifs.

Élaboration du fond

▶ **15** Jouez sur l'association des couleurs pour former des plages contrastées. Assemblez les pièces par couleur et par taille. Complétez la mosaïque en recouvrant une nouvelle zone avec des cailloux plus sombres.

▲ **16** Pour pouvoir insérer les cailloux qui seront placés au bord, commencez par tracer au crayon la ligne de coupe.

▲ **17** Placez le tranchant de la pince sur cette ligne et pressez pour couper le caillou à la bonne dimension.

▲ **18** Poursuivez l'élaboration de la mosaïque pierre par pierre en recouvrant peu à peu le fond.

▲ **19** Entourez le premier motif avec des pièces de couleur orangée, pour créer un contraste et le faire ressortir davantage. Posez les pièces verticalement dans la plastiline, les unes à la suite des autres.

▶ **20** Après la pose de la dernière pièce, la première étape de la réalisation de la mosaïque est terminée.

51

Transfert de la mosaïque sur du papier kraft

▲ **21** À l'aide d'un pinceau, enduisez de gomme arabique toutes les pièces formant la mosaïque.

▲ **22** Appliquez ensuite de la gomme arabique sur le papier kraft. Le papier kraft a deux faces, l'une mate et l'autre brillante. L'encollage doit toujours être effectué sur la face brillante.

◄ **23** Posez la face encollée du papier contre la mosaïque.

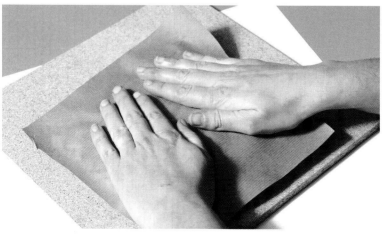

◄ **24** Exercez une pression avec les mains pour qu'il adhère bien à la mosaïque. Assurez-vous que le papier est solidement fixé. Laissez sécher 24 heures pour que les pièces adhèrent bien au papier.

Pour que le papier kraft soit bien fixé aux éléments qui composent la mosaïque, il est essentiel d'encoller uniformément toute la superficie. Cette étape exige un soin particulier.

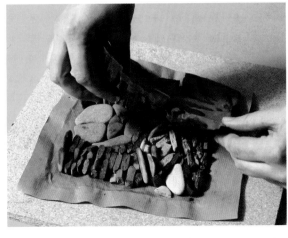

▸ **25** Quand la colle est bien sèche, vous pouvez retourner la mosaïque et retirer la plastiline qui a servi jusqu'ici de support provisoire.

▲ **26** Vous ne conservez alors que le papier kraft à l'envers sur lequel sont maintenant collées toutes les pièces. Si certaines pièces se détachent, recollez-les immédiatement. Il n'est alors pas nécessaire de respecter un temps de séchage de 24 heures.

▲ **27** Posez le cadre en bois sur l'envers de la mosaïque.

Coulage du mortier

▸ **28** Vous allez maintenant couler le mortier dans le cadre servant de coffrage. Versez la quantité nécessaire de mortier dans un récipient.

53

▲ **29** Préparez le mortier de la même manière que le ciment-joint. Versez lentement l'eau dans le récipient.

▲ **30** Mélangez à la truelle. Le premier mortier doit avoir une consistance assez fluide, pour qu'il pénètre bien dans les interstices de la mosaïque.

◀ **31** Versez le mélange sur la mosaïque, jusqu'à mi-hauteur du cadre.

◀ **32** Étalez bien le mortier de façon à bien le répartir sur l'ensemble de la mosaïque.

▶ **33** Préparez alors le second mortier, qui doit être un peu plus épais et plus consistant.

▲ **34** Versez ce mortier sur le premier, de façon à ce qu'il remplisse le cadre.

▲ **35** Avec la truelle, répartissez-le bien sur toute la surface.

▶ **36** Lissez-le. Laissez prendre le mortier pendant 2 à 3 jours avant de retirer le cadre.

Étape finale

▶ **37** Quand le mortier a pris, retirez délicatement le cadre.

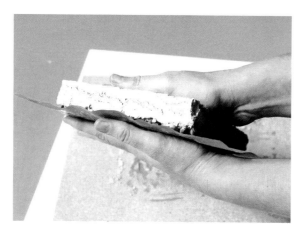

▲ **38** Retournez la mosaïque à l'endroit. Comme vous pouvez le voir, le papier kraft recouvre la surface de la mosaïque et le mortier, coulé sur l'envers, remplace la plastiline.

▲ **39** Quand la mosaïque est à l'endroit, retirez le papier kraft. En principe, il se détache facilement. Si ce n'est pas le cas, humidifiez-le avec une éponge.

◄ **40** Il ne vous reste plus qu'à nettoyer la mosaïque. Cet exercice vous a permis de mettre en application la technique indirecte. La mosaïque se présente maintenant sous la forme d'un bloc cimenté.

Mosaïque murale ou de pavement

Après avoir collé la mosaïque sur du papier kraft et avoir retiré la plastiline, vous pouvez, plutôt que de confectionner un coffrage, l'appliquer directement sur un mur ou un sol.

Il suffit d'enduire le mur ou le sol de ciment-colle et d'y appliquer la mosaïque de manière que l'envers des pierres collées sur le papier kraft soit incrusté dans le ciment-colle.

Pour parachever votre ouvrage, il ne vous restera plus qu'à retirer le papier en l'humidifiant.

Voici la mosaïque terminée.
Bien que réalisée avec des
matériaux très simples, elle
n'en est pas moins attrayante
et constitue un élément d'un
réel intérêt décoratif.

On emploie un ciment spécifique pour combler les interstices entre les tesselles : le ciment-joint. Il sert non seulement à solidifier la mosaïque, en liant les tesselles entre elles, mais aussi à les mettre en valeur, la mosaïque acquérant ainsi son aspect caractéristique.

Nous consacrons tout un chapitre au jointoiement, en raison de l'importance de la teinte des joints dans la composition d'une mosaïque. L'effet final du décor dépend précisément de cette opération. C'est pourquoi il est important de bien choisir la couleur de votre ciment-joint.

Avec l'expérience, ce choix devient plus facile, car chaque fois que l'on réalise une mosaïque, on peut observer la façon dont réagissent visuellement les couleurs des tesselles avec celles des joints qui les séparent.

Quand les tesselles sont d'une teinte uniforme, il convient d'utiliser un ciment de la même couleur, afin que les joints se fondent dans l'ensemble. Dans chacun des exercices de ce livre, nous expliquons pourquoi nous avons choisi telle ou telle teinte et nous indiquons les couleurs que nous aurions pu également employer. Quoi qu'il en soit, le goût personnel a une influence essentielle sur ce choix. Chacun peut vouloir donner à une composition un effet particulier ; il n'en reste pas moins que la connaissance de quelques règles générales peut s'avérer utile et faciliter la sélection d'une couleur plutôt qu'une autre.

COULEURS DES CIMENTS

Ciment de teinte claire

La couleur blanche produit un effet très lumineux. Elle a normalement pour effet d'éclairer l'ensemble de la composition, à moins que les tesselles employées soient de couleur sombre. En ce cas, le blanc produira un contraste maximal. Si la mosaïque est composée de tesselles de couleur blanche, il est conseillé d'employer des teintes très claires, de l'ivoire ou du beige par exemple, pour les mettre en valeur. Les couleurs resteront lumineuses tout en créant un léger contraste.

Ciment noir

Un contraste maximal confère à la mosaïque un effet semblable à celui d'un vitrail. Toutefois, si l'on utilise du noir pour jointoyer une mosaïque de couleur sombre, on perdra cet effet. On peut également ajouter au noir une pointe de blanc pour en diminuer un peu l'intensité et obtenir un contraste moins vigoureux.

Ciment gris

Si l'on souhaite que les tesselles soient mises en valeur et que les joints se voient le moins possible, il convient alors de choisir une couleur dans la gamme des gris. Par ailleurs, quand on a du mal à choisir une couleur, il est recommandé d'opter pour un gris, neutre, l'aspect de la mosaïque variant peu après son application. C'est une teinte dont l'emploi est très fréquent, peut-être parce qu'elle produit un moindre effet de surprise tout en donnant de bons résultats. En revanche, si les joints ont un rôle à jouer dans la composition, il faut leur conférer une teinte en harmonie avec la couleur dominante de la mosaïque et faisant partie de la gamme chromatique employée. Par exemple, si la mosaïque est composée essentiellement d'une gamme de bleus, il convient de traiter les joints dans la même gamme, pour donner une unité à l'ouvrage. L'impact visuel en sera plus intense. Il est alors recommandé d'employer dans la gamme des bleus un ton qui n'a pas été utilisé pour la mosaïque, afin d'éviter de neutraliser celle-ci.

Ciment de couleur terre

Il convient tout à fait aux mosaïques réalisées sur des supports en terre cuite, car il leur donne un aspect et une finition très naturels. Cette couleur exalte les bleus, les verts, les rouges, mais neutralise légèrement les jaunes, orangés et bruns.

Obscurcissement du ciment au séchage

Il faut tenir compte du fait que, lorsqu'on dilue le ciment en poudre dans de l'eau, la pâte obtenue présente une couleur plus intense ; en séchant, sa teinte varie encore, prenant généralement un ton moins soutenu. Dans le cas de certaines mosaïques, notamment concernant les ouvrages muraux situés à l'extérieur, on emploie, à la place du ciment, un mortier très liquide pour réaliser les joints.

59

Pas à pas : comment préparer et appliquer le ciment

◄ Voici le dessin du motif à partir duquel nous avons élaboré la mosaïque que nous allons jointoyer.

Quand on prépare le ciment-joint, il faut penser avant tout à l'effet que l'on souhaite obtenir. Le choix de sa teinte a une grande importance. L'effet esthétique ne sera pas le même selon que ses joints sont clairs ou sombres. Il est conseillé de se protéger avec des gants au moment de la manipulation de ces matériaux.

60

◄ **1** Quand toutes les pièces de la mosaïque ont été mises en place, il faut décider de la teinte qui convient le mieux à la réalisation des joints. Nous avons choisi ici de donner à la mosaïque un aspect naturel, d'harmoniser la couleur des tesselles à celle des joints et d'adoucir l'emploi du noir. Le choix d'une couleur terre nous a donc semblé approprié. Vous pouvez vous procurer sans difficulté un ciment de cette teinte, car les magasins de matériaux de construction proposent une vaste gamme de nuances. Et rien ne vous empêche de faire des mélanges pour obtenir une teinte spécifique.

▲ **2** Versez le plâtre en poudre dans un récipient et ajoutez l'eau très progressivement ; il faut en général une mesure d'eau pour quatre mesures de poudre.

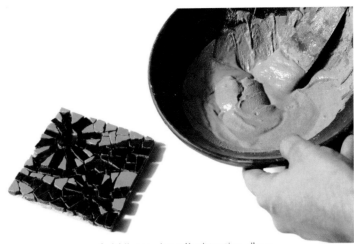

▲ **3** Remuez avec un couteau à enduire jusqu'à obtention d'un mélange homogène. Pour que la préparation ait une consistance onctueuse, modifiez éventuellement la proportion de poudre ou d'eau. Si le mélange est trop épais, ajoutez un peu d'eau. S'il est trop liquide, ajoutez de la poudre.

▲ **4** Mélangez jusqu'à obtention d'une pâte souple ayant la consistance d'une bouillie. Les tesselles de la mosaïque recouvrent entièrement la surface et ne sont séparées que par de minces interstices ; c'est dans ces espaces que vous allez faire pénétrer le ciment.

Il importe que le récipient servant à la préparation du ciment ne soit pas poreux, car ce dernier absorberait l'eau du mélange et le ciment sécherait alors trop rapidement.

61

▸ **5** Vérifiez que les tesselles sont bien fixées et remplissez les interstices au couteau, en insistant pour bien faire pénétrer le ciment.

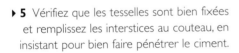

◂ **6** Après avoir colmaté tous les interstices à la surface de la mosaïque, enduisez également ses chants de ciment.

▸ **7** Retirez l'excédent au couteau.

▲ **8** Lissez la surface de la mosaïque avec les doigts pour faire bien pénétrer la pâte dans tous les interstices.

▲ **9** Si le ciment se détache des chants de la mosaïque, appliquez-en une nouvelle couche.

◀ **10** Étalez le ciment de bas en haut.

▶ **11** Retirez l'excédent en passant le couteau horizontalement.

Si le support ou les tesselles sont en verre, le temps de prise sera plus long, car ce type de matériau n'absorbe pas le ciment aussi bien que la céramique. Respectez un temps de séchage d'environ 30 minutes.

◀ **12** Quand vous avez entièrement enduit la mosaïque, laissez sécher le ciment pendant au moins 15 minutes. Retirez l'excédent avec une éponge humide.

▶ **13** Après avoir nettoyé la mosaïque, vérifiez que tous les interstices sont bien comblés. Si vous constatez un manque, appliquez un peu de ciment, laissez sécher et nettoyez à nouveau.

▼ **14** Retirez la poussière de ciment avec une brosse plate.

▼ **15** Si vous avez correctement appliqué la pâte, tous les interstices sont remplis et la mosaïque est terminée.

Si vous souhaitez obtenir un ciment d'une teinte déterminée, vous pouvez mélanger des ciments de couleurs différentes. Ainsi, pour obtenir une couleur grise, il est inutile d'acheter du ciment gris; mélangez du ciment blanc et du ciment noir. Suivant les proportions employées, vous obtiendrez un gris clair ou foncé.

◄ **16** Ici, les joints de la même mosaïque ont été traités en gris foncé. L'effet visuel est très différent. Les joints gris contrastent avec les tesselles de couleur orange et soulignent davantage les interstices qui les séparent.

PAS À PAS : COMMENT PRÉPARER UN CIMENT TEINTÉ EN UTILISANT UN COLORANT

Il existe une autre manière d'obtenir un ciment teinté : utilisez un ciment blanc et mélangez-le avec de l'eau dans laquelle vous diluerez un colorant.

▶ **1** Déposez la poudre dans un récipient à l'aide d'un couteau à enduire.

▲ **2** Pour obtenir un ciment bleu, mélangez du colorant bleu avec de l'eau, jusqu'à ce que le colorant soit bien dilué.

▲ **3** Versez peu à peu l'eau teintée et remuez avec le couteau. Si la couleur est trop claire, ajoutez un peu plus de colorant.

En ajoutant le colorant à l'eau, tenez compte du fait que le ton final sera plus clair lorsque vous mélangerez l'eau teintée au ciment en poudre de couleur blanche. Il faut que l'eau soit d'un ton beaucoup plus intense que celui que vous voulez obtenir.

▶ **4** Continuez à mélanger la poudre et l'eau teintée jusqu'à obtention du ton recherché.

◀ **5** Voici l'aspect du mélange prêt à l'emploi. Le ciment présente une teinte et une consistance adéquates pour être appliqué.

65

Avant de réaliser une mosaïque, il vous faut prendre plusieurs décisions :

- Déterminer le support et les matériaux que vous allez utiliser, en fonction notamment du lieu de destination de la mosaïque, selon qu'elle doit être exposée à l'extérieur ou à l'intérieur.
- Choisir la colle adaptée au support et aux matériaux retenus.
- Sélectionner les couleurs qui composeront le motif.
- Opter pour un mode d'assemblage des tesselles.

Le mode d'assemblage des tesselles dépend de la façon dont elles sont coupées. Un même motif, composé des mêmes couleurs et des mêmes matériaux, aura un aspect très différent selon la forme des pièces.

Avant de vous lancer dans l'élaboration de la mosaïque, nous vous conseillons d'exécuter au préalable un dessin du motif, auquel vous pourrez vous référer en cours de travail. Il n'est cependant pas indispensable de vous en tenir strictement à ce dessin lors de la coupe et de la mise en place des tesselles. Il importe avant tout de respecter la forme générale du motif, et non le détail de chacun de ses éléments.

Exemples de trois modes d'assemblage des tesselles respectant les formes et les couleurs du motif. Vous constaterez, en les comparant, que les pièces ont été coupées de manière différente, ce qui modifie l'effet visuel.

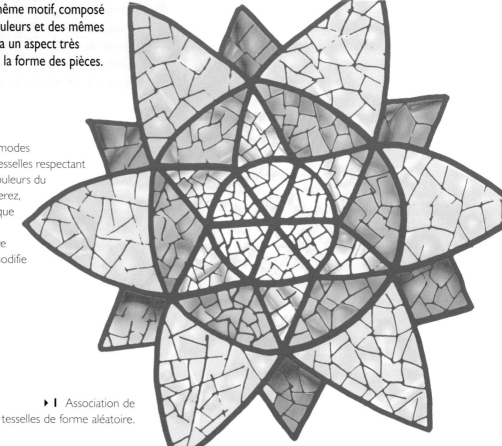

▶ I Association de tesselles de forme aléatoire.

66

◄ **2** Association de tesselles
de formes géométriques.

67

▶ **3** Association de tesselles de
différentes tailles, de formes à la
fois aléatoires et géométriques.

COMMENT COUPER LA CÉRAMIQUE

En tesselles de forme aléatoire

▲ **1** Choisissez un support en bois ou en aggloméré pour ne pas endommager le plan de travail quand vous casserez le carreau.

▲ **2** Posez le carreau à l'envers sur ce support. Vous éviterez ainsi de rayer ou d'abîmer la face émaillée.

◀ **3** Frappez le carreau avec la tête du marteau pour le briser en plusieurs morceaux.

◀ **4** Répétez deux à trois fois cette opération jusqu'à obtention du nombre voulu de pièces.

Il est très simple d'effectuer une coupe avec une pince ; ayez toujours à l'esprit que l'opération sera toujours plus facile et exigera moins d'efforts si :

- *Vous tenez la pince par l'extrémité de ses bras. Plus la pression sera éloignée, moins vous aurez à exercer de force.*
- *Vous ne saisissez pas la totalité de la tesselle en la mordant avec la pince, mais seulement une petite partie de celle-ci. Plus la surface que vous mordrez sera réduite, moins vous aurez à exercer de force.*

5 Si vous souhaitez obtenir des pièces de plus petite taille, tenez fermement chacun des morceaux en l'insérant entre les mâchoires d'une pince japonaise et serrez fort pour le couper.

6 Voici l'aspect que présentent les tesselles coupées en formes inégales.

En tesselles de formes géométriques : carré, triangle, trapèze et rectangle

◀ **1** Tracez sur le carreau la forme des pièces que vous voulez couper. Nous avons divisé ici le carreau en quatre bandes et dessiné sur chacune d'elles une forme géométrique distincte.

▲ **2** Positionnez la molette de coupe de la carrelette sur l'une des lignes séparant ces bandes, puis rayez le carreau avant de rabattre le levier pour le diviser en deux.

◀ **3** Renouvelez deux fois cette opération pour couper les autres bandes.

◂ **4** Saisissez l'une des bandes pour la découper à la pince japonaise. Placez le tranchant de l'outil sur les lignes tracées. Serrez pour couper les tesselles de la forme souhaitée.

▾ **5** Si vous souhaitez obtenir des tesselles plus petites, fractionnez-les. Vous pouvez le faire autant de fois que vous le voulez, à condition de vous assurer que chaque pièce ait une surface d'appui suffisante.

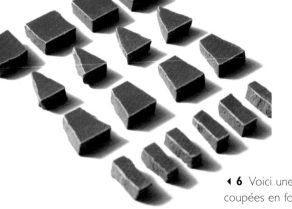

◂ **6** Voici une série de tesselles coupées en formes géométriques.

Les tesselles coupées en forme de trapèze sont très utiles lorsque l'on veut réaliser des lignes courbes dans une mosaïque.

Pour des courbes très fermées ou des motifs circulaires, les formes triangulaires sont plus appropriées.

▲ **1** Si vous désirez couper une pièce de forme circulaire, commencez par tracer un cercle au compas.

▲ **2** Tracez ensuite le carré dans lequel s'inscrit ce cercle.

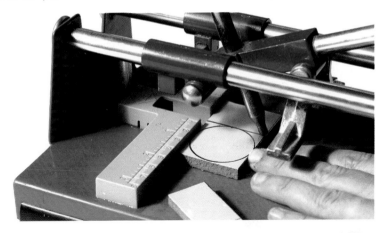

▶ **3** Coupez ce carré à la carrelette.

◀ **4** Éliminez ensuite les angles du carré à la pince japonaise.

▶ **5** Continuez en rognant tout le tour de la tesselle.

▲ **6** Pour obtenir une finition parfaite, poncez le chant du cercle sur une pierre à affûter.

▲ **7** La pièce est maintenant prête à être insérée dans une mosaïque.

En formes organiques

◄ **1** Dessinez une feuille sur un carreau de céramique.

▲ **2** Inscrivez la feuille dans un rectangle.

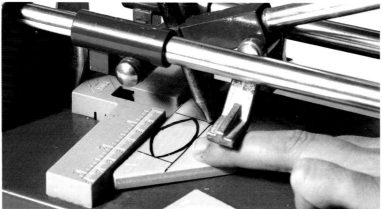

◄ **3** Coupez ce rectangle à la carrelette.

72

◄ **4** Retirez les quatre angles du rectangle à la pince japonaise.

▶ **5** Continuez à rogner la pièce en suivant le contour de la feuille.

▲ **6** Poncez le chant de la feuille sur une pierre à affûter.

▲ **7** Aspect de la feuille après découpe et ponçage.

73

COMMENT COUPER LE VERRE

Pâte de verre

▶ Les tesselles en pâte de verre se coupent avec une pince japonaise ou une pince de carreleur. Procédez de la même manière que pour couper des tesselles de céramique.

Plaques de verre

▲ **1** Tracez la ligne de coupe sur le verre en le rayant avec un coupe-verre à molette.

▲ **2** Positionnez la pince à détacher au début de la ligne de coupe, puis pressez pour séparer le verre en deux morceaux.

◄ **3** Renouvelez les opérations précédentes afin d'obtenir différentes bandes.

▶ **4** Pour couper les tesselles, commencez par rayer le verre au coupe-verre à molette.

▼ **5** Fractionnez le morceau avec une pince à bec-de-perroquet, comme si vous cassiez un carré de chocolat.

▼ **6** Voici un échantillonnage de différentes pièces de verre après découpe.

74

COMMENT COUPER LES GALETS

▲ **1** Pour couper des petits galets, utilisez une pince de carreleur.

▲ **2** Vous couperez les galets plus épais ou de plus grande taille, qu'il est impossible de fractionner avec la pince, à l'aide d'une masse et d'un burin. Placez le galet sur un support en bois, posez l'extrémité du burin sur le galet et frappez un coup sec avec la masse pour le fractionner en petits morceaux.

PAS À PAS : DESSOUS-DE-PLAT À MOTIF FLORAL

Maintenant que vous savez comment couper des tesselles de différentes formes, nous allons vous montrer comment les utiliser pour composer un dessous-de-plat à motif floral. Nous avons choisi cette mosaïque comme premier exercice pour plusieurs raisons : elle est simple et rapide à réaliser étant donné sa taille réduite, et le processus de coupe des tesselles va vous servir à mettre en pratique ce que nous avons vu précédemment.

La plupart des pièces qui composent cette mosaïque sont de grande taille. Le cœur et les pétales des fleurs ne sont pas formés de plusieurs tesselles, mais sont d'une seule pièce. Le fond est composé de pièces en forme de feuille.

Matériaux et outils

- Support en aggloméré
- Carreaux de céramique de couleur rouge, orangée et jaune
- Fine planche de bois, de même épaisseur que la céramique
- Feuille de papier
- Crayon à papier, bâtonnets de cire et pinceau
- Colle vinylique
- Carrelette
- Pince japonaise ou pince de carreleur
- Scie sauteuse
- Chiffon propre
- Gants et lunettes de protection

◀ Voici le motif décoratif qui va servir de référence à l'élaboration de la mosaïque.

Dessin du motif décoratif

▲ **1** Tracez sur une feuille de papier le motif décoratif. Cette étape est importante, car c'est à ce moment-là que vous déciderez de la manière dont vous allez disposer les pièces et les couper, en tenant compte des éventuelles difficultés de réalisation et en y apportant des solutions.

▲ **2** Ce dessin et le choix des couleurs vous donneront une idée du résultat final. Vous pouvez réaliser plusieurs dessins dans des couleurs différentes et sélectionner celui que vous préférez.

▲ **3** Avec un papier carbone, reportez le dessin sur le support. Fixez les feuilles pour qu'elles ne bougent pas au cours du transfert.

▲ **4** Repassez sur le tracé du motif si le dessin n'a pas été transféré avec suffisamment de netteté.

Coupe des tesselles

Après avoir reporté le motif de la mosaïque sur le support, vous allez pouvoir mettre en place les tesselles. Procédez par étapes successives. Coupez les pièces qui composent une fleur et collez-les, puis passez à une autre fleur, et ainsi de suite, jusqu'à compléter le motif. Votre travail sera plus varié et divertissant que si vous coupiez d'abord toutes les pièces avant de les mettre en place.

▲ **5** Avec la carrelette, divisez le carreau en trois bandes de la largeur des pétales de la fleur.

◀ **6** Coupez à la pince une première bande de la longueur d'un pétale. Vous obtiendrez une forme rectangulaire.

▶ **7** Coupez les quatre angles du rectangle. Rognez-les avec la pince, pour leur donner une forme plus incurvée.

77

▲ **8** Découpez tous les pétales de la fleur en procédant de cette manière. Le dessin sert de guide, mais il n'est pas indispensable de s'y conformer avec précision pour couper les pièces.

▲ **9** Après avoir terminé cette opération, procédez à la découpe du cœur de la fleur. Avec la carrelette, coupez une bande dans le carreau, puis, avec la pince, coupez un carré à l'une de ses extrémités.

◀ **10** Sectionnez les quatre angles du carré à la pince, puis rognez le pourtour de la pièce, pour lui donner une forme circulaire.

Pour couper une tesselle ronde à partir d'une forme carrée, sectionnez d'abord les angles à la pince, puis rognez progressivement les arêtes.

Collage des tesselles

◀ **11** Au pinceau, déposez un peu de colle vinylique sur le support. Vous pouvez aussi encoller l'envers de la tesselle.

▶ **12** Collez la première pièce de la mosaïque. Après l'avoir mise en place, pressez-la légèrement avec un doigt, pour qu'elle adhère bien au support. Ainsi, toutes les tesselles seront au même niveau.

▲ **13** Procédez de la même manière pour coller les autres pétales et le cœur de la fleur. Lors de la mise en place des différentes pièces de la mosaïque, laissez un petit espace entre elles, que vous colmaterez ensuite à l'aide de ciment-joint. Cet interstice doit être équivalent entre toutes les pièces de la mosaïque.

▲ **14** Coupez les pièces de la deuxième fleur. D'abord sous forme de carrés, dont vous rognerez ensuite les angles et les arêtes pour leur donner une forme circulaire.

◀ **15** Collez tous les pétales.

▶ **16** Mettez en place le cœur de la fleur.

▲ **17** Coupez une nouvelle pièce de forme circulaire en suivant le même processus que précédemment, pour obtenir la tesselle centrale de la troisième fleur.

▲ **18** Collez-la sur le support.

▲ **19** Coupez une bande à la carrelette puis, avec la pince, divisez-la en petits triangles.

▲ **20** Mettez en place les pétales de la troisième fleur.

Élaboration du fond

◄ **21** Le fond est constitué de grandes pièces en forme de feuille. Pour les couper, procédez de la même manière que pour les pétales de la première fleur.

▶ **22** Collez toutes les pièces en laissant un léger espace entre elles.

◄ **23** Voici l'aspect que présente la mosaïque une fois toutes les pièces mises en place. Laissez sécher la colle environ deux heures avant de réaliser le jointoiement.

Jointoiement et finition

◀ 24 Préparez le ciment qui va servir à combler les interstices. Utilisez un ciment de couleur terre, qui rehaussera les couleurs de la mosaïque tout en lui donnant un aspect très naturel. Ajoutez l'eau à la poudre à raison d'un volume d'eau pour quatre volumes de poudre.

▶ 25 Mélangez bien jusqu'à obtention d'une pâte de consistance onctueuse.

▼ 26 Appliquez le ciment au couteau sur toute la mosaïque, en le faisant bien pénétrer dans les interstices.

▼ 27 Enduisez le chant de la mosaïque d'abord de bas en haut, puis en passant le couteau horizontalement.

◀ 28 Lissez le chant avec les doigts.

▶ 29 Retirez ensuite l'excédent de ciment avec les doigts et laissez sécher pendant environ 20 minutes.

81

30 Voici l'aspect de la mosaïque après séchage du ciment et avant nettoyage des tesselles.

31 Frottez soigneusement la mosaïque avec une éponge, pour bien la nettoyer. Si le ciment est trop sec et difficile à retirer, mieux vaut humidifier l'éponge.

32 Il peut arriver qu'après nettoyage de la mosaïque, vous constatiez la présence de petits espaces vides dans lesquels le ciment n'a pas pénétré. Comblez-les avec un peu de ciment.

33 Quand il est sec, retirez l'excédent avec le doigt.

34 Nettoyez à nouveau la mosaïque à l'éponge.

35 Retirez, au pinceau, les résidus de poussière de ciment.

PAS À PAS : COUPE EN VERRE

On désigne sous le nom de tesselles les éléments que l'on assemble pour composer une mosaïque. Dans la Rome antique, les ouvriers chargés d'élaborer les tesselles à partir de différents matériaux, surtout de marbre, étaient appelés *tessellarii*. Les tesselles étaient presque toujours coupées en forme de petits cubes qui étaient ensuite sectionnés en différentes formes.

Nous avons déjà passé en revue les divers types de matériaux à partir desquels sont coupées les tesselles, les méthodes de coupe, les différents modes d'assemblage et le style qu'ils confèrent à la mosaïque. Un autre élément doit être pris en considération : l'épaisseur des tesselles. Dans la plupart des mosaïques, les tesselles sont nivelées, ce qui s'obtient de deux manières :
• en utilisant des tesselles de même épaisseur.
• en ayant recours à la méthode indirecte, si les tesselles sont d'épaisseur variable.

Mais on peut également donner du relief à la mosaïque en jouant sur les différentes épaisseurs des tesselles, pour créer diverses perspectives ou faire ressortir certains éléments du motif. Quoi qu'il en soit, utiliser des tesselles d'épaisseur différente complique l'opération de jointoiement et exige plus de travail, surtout au stade du nettoyage, car les tesselles moins épaisses sont entièrement recouvertes de ciment.

Nous vous proposons ici de réaliser une mosaïque sur une coupe en verre en employant des tesselles elles aussi en verre, pour jouer sur l'effet de transparence et de luminosité. Comme la coupe est assez évasée, nous avons choisi de recouvrir seulement la partie intérieure.

Matériaux et outils

• Coupe en verre
• Plaques de verre
• Pince japonaise
• Pince à détacher le verre
• Coupe-verre
• Feuille de papier
• Crayons de couleur
• Silicone transparente
• Couteau à enduire
• Ciments blanc et noir
• Éponge et papier abrasif
• Gants et lunettes de protection

Si vous exécutez une mosaïque sur une surface destinée à recevoir des objets, comme une table par exemple, nous vous conseillons d'utiliser des tesselles de même épaisseur. Sinon, lorsque vous y poserez un vase ou tout autre objet, il pourra difficilement garder sa stabilité.

Dessin du motif décoratif

Voici le dessin du motif qui va servir de base à l'exécution de la mosaïque.

Si les tesselles ont une surface poreuse, comme c'est le cas, par exemple, des tesselles en céramique non émaillée, il convient, après les avoir mises en place et les avoir collées, de les revêtir d'une couche de bouche-pores mat et incolore. Ainsi, elles n'absorberont pas le ciment-joint et vous ne risquerez pas de les tacher.

Les matériaux utilisés pour la confection des tesselles sont deux plaques de verre de teintes différentes. L'une est jaspée dans des tons bleus et roses, l'autre est dans les tons verdâtres. Leur association confère variété et luminosité à la mosaïque.

◀ I Exécutez un dessin afin d'avoir une idée de la marche à suivre pour associer les couleurs et assembler les tesselles.

Coupe des tesselles

Cette mosaïque n'est pas difficile à réaliser, car le dessin sert uniquement de base et vous pourrez improviser et procéder à des rectifications si vous le jugez nécessaire. Le plus important est de :

- Couper un grand nombre de tesselles de formes carrée et rectangulaire dans différentes tailles.
- Mettre en place les tesselles en tenant compte de l'association des couleurs, car le bleu domine sur le vert.
- Laisser peu d'espace entre les tesselles, pour limiter la largeur des joints.

▲ **2** Incisez l'une des plaques de verre au coupe-verre pour y découper un premier morceau.

◀ **3** Positionnez la pince à détacher sur la ligne de coupe pour casser le verre.

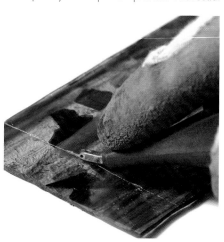

▶ **4** Placez horizontalement le morceau que vous venez de couper, puis incisez à nouveau le verre au coupe-verre.

◀ **5** Avec la pince à détacher, séparez cette bande, que vous allez ensuite diviser à nouveau.

Pour obtenir une vaste gamme des couleurs, employez de préférence un verre jaspé. Vous obtiendrez des tesselles aux tonalités beaucoup plus riches et variées que si vous optiez pour un verre de teinte uniforme.

▲ **6** Sur cette bande, tracez, au coupe-verre, une série de rectangles de différentes largeurs.

▲ **7** Avec la pince à détacher, séparez les tesselles les unes des autres. Cette technique de coupe permet de travailler assez rapidement. Il vous faudra peu de temps pour couper toutes les tesselles. Si vous voulez obtenir des pièces de plus petite taille, il est préférable d'employer la pince japonaise.

Fond de la coupe

Après avoir coupé toutes les tesselles qui décoreront la paroi de la coupe, il faut découper une pièce de forme circulaire, qui en recouvrira le fond.

▶ **8** Tracez sur le verre un cercle de la même dimension que le fond de la coupe. La découpe de la pièce se fait en plusieurs étapes, suivant les axes tracés en pointillé sur le verre.

◀ **9** Rayez le verre au coupe-verre en suivant le premier axe…

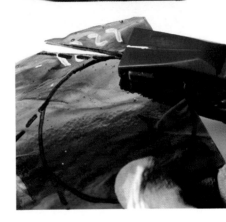

▶ **10** … puis cassez-le avec la pince à détacher.

Pour éliminer les parties excédentaires,
incisez le verre au coupe-verre, puis
pincez-le latéralement avec la pince à
détacher en exerçant une légère pression.

▸ **11** Avec le coupe-verre,
rayez à nouveau le verre en
suivant le second axe de coupe.

◂ **12** Pincez le verre
à la pince à détacher
pour le couper.

▸ **13** Voici l'aspect de
la pièce obtenue.
Si son contour n'est
pas très régulier, vous
pouvez le poncer avec
du papier abrasif.

Collage des tesselles

Vous êtes maintenant en possession de toutes
les pièces de la mosaïque, et le moment est
venu de procéder à leur mise en place.

▸ **14** Utilisez de la silicone pour le collage des pièces.
Comme elle est incolore, elle laissera transparaître le
bleu de la coupe au travers des tesselles. Par ailleurs,
vous ne risquez pas de voir les pièces glisser le
long de la paroi inclinée de la coupe, car la silicone
permet de les fixer instantanément.

▲ **15** Commencez par coller la pièce centrale, autour de laquelle vous poserez les tesselles une à une.

▲ **16** Mieux vaut appliquer la colle directement sur la tesselle que sur la coupe, pour éviter d'en déposer une trop grande quantité. N'enduisez la tesselle que de la quantité de colle nécessaire à sa bonne fixation. Si la colle s'infiltre dans les interstices, vous aurez ensuite beaucoup de mal à appliquer le ciment-joint. Si cela se produit, éliminez-en aussitôt l'excédent.

▶ **17** Sélectionnez des pièces de formes et de couleurs variées et collez-les autour de la pièce centrale.

89

◀ **18** Posez ensuite les tesselles en rangées verticales, en partant du centre de la coupe jusqu'à son bord. Procédez par étapes, en délimitant une première section radiale à l'intérieur de laquelle vous associerez les tesselles. Si les pièces carrées ne peuvent être posées que d'une seule manière, vous pouvez jouer avec les formes rectangulaires en les plaçant alternativement dans le sens horizontal et dans le sens vertical.

▲ **19** Continuez de la même manière, en travaillant par zones successives.

▲ **20** Choisissez les tesselles comme vous le feriez pour les pièces d'un puzzle. Sélectionnez celle dont la couleur et surtout la forme conviennent le mieux à l'espace que vous voulez combler.

◀ **21** La seule difficulté de cette mosaïque réside dans la nécessité d'ajuster étroitement les tesselles afin de limiter la largeur des joints.

▶ **22** Ne collez pas les tesselles jusqu'à l'extrémité du bord de la coupe, mais laissez un espace de 1 à 2 millimètres, que vous comblerez ensuite avec le ciment-joint.

◀ **23** Voici l'aspect de la mosaïque une fois que vous avez recouvert un peu plus de la moitié de la paroi intérieure de la coupe.

▶ **24** Maintenant, il ne vous reste plus que la dernière portion à recouvrir.

◀ **25** Avant de fixer la dernière pièce, ajustez-la et coupez-la à la bonne dimension.

▶ **26** Si le morceau est trop petit pour utiliser le coupe-verre et la pince à détacher, coupez-le à la pince japonaise.

▶ **27** Voici comment se présente la coupe une fois toutes les tesselles mises en place. Il ne vous reste plus qu'à les jointoyer.

Jointoiement

Laissez passer quelques heures avant de jointoyer la mosaïque, car la silicone met plus de temps à sécher que la colle vinylique. Si vous n'attendez pas assez longtemps, vous déplacerez les pièces au moment de l'application du ciment-joint. Utilisez un ciment de couleur grise, teinte neutre qui fera davantage ressortir les tesselles.

▸ **28** Pour obtenir un gris sombre, utilisez une plus forte proportion de ciment noir que de ciment blanc.

◂ **29** Mélangez bien, jusqu'à obtention d'un beau gris uniforme. Si la teinte est trop claire, ajoutez du ciment noir; si elle est trop sombre, ajoutez du ciment blanc.

▸ **30** Versez l'eau peu à peu.

◂ **31** Mélangez bien avec le couteau à enduire, pour obtenir une pâte onctueuse exempte de grumeaux.

32 Vérifiez que les tesselles soient bien fixées et appliquez le ciment, à l'aide du couteau à enduire, en allant du centre vers le bord.

▲ **33** Voici l'aspect de la coupe entièrement recouverte de ciment.

▲ **34** Avec les doigts, faites bien pénétrer le ciment dans les interstices.

Le verre étant un matériau non poreux, le ciment met plus de temps à sécher. Attendez au minimum 1 heure avant d'en retirer l'excédent à l'éponge. Vous pourrez alors passer à l'étape finale.

▶ **35** Pour cette réalisation, vous devrez respecter un temps de séchage plus long que la normale avant d'éliminer, à l'éponge, l'excédent de ciment.

Étape finale

Contrairement à ce que l'on pourrait penser,
cette dernière phase n'est pas négligeable,
car c'est d'elle que dépendent la consolidation
du travail réalisé et l'aspect final de la pièce.

▶ **36** Appliquez le ciment au
couteau sur le bord de la coupe,
de l'extérieur vers l'intérieur.

*Pour éliminer les petites bavures de silicone
qui se sont mélangées au ciment,
raclez-les à l'ongle ou avec un bâtonnet
en bois, afin de ne pas rayer le verre.*

◀ **37** Lissez le ciment avec les doigts.

◀ **38** Achevez le nettoyage de
la mosaïque avec un chiffon imbibé
de produit pour les vitres.

Voici l'aspect de la coupe décorée de mosaïque une fois le travail achevé.

Pas à pas : plateau de table associant bois et mosaïque
Utilisation d'un dégradé de couleur

Le choix des couleurs joue un rôle déterminant dans l'aspect de la mosaïque. Le résultat peut être très différent selon les teintes retenues et vous pouvez renforcer l'impact visuel d'une mosaïque par le biais des couleurs. Ainsi, dans le cas d'une mosaïque bicolore, un motif sombre sur un fond clair ressortira mieux qu'un motif aux couleurs pâles sur un fond soutenu.

Il est donc important de savoir jouer avec les couleurs, car elles permettent d'obtenir différents effets. Une mosaïque composée de tesselles déclinant une même gamme chromatique aura un impact visuel différent de celui que peut offrir une mosaïque monochrome, surtout si elle est exposée à la lumière. Vous pouvez aussi utiliser les couleurs d'une même gamme pour créer des ombres.

Les couleurs choisies doivent s'équilibrer dans la composition, à moins que vous ne recherchiez un effet de contraste en utilisant des tons qui s'opposent. Les tesselles peuvent être mates ou brillantes. Il est toutefois préférable que celles d'une même mosaïque présentent toutes la même texture.

L'association du bois et de la mosaïque donne d'excellents résultats. Les tesselles, qu'elles soient en céramique ou en verre, se marient parfaitement avec le bois et la combinaison de ces deux matières est particulièrement séduisante.

Matériaux et outils

- Plateau en aggloméré
- Plaques et morceaux de verre de couleur rouge, orangée et jaune
- Bois de placage de la même épaisseur que le verre
- Feuille de papier
- Crayons de couleur et feutre
- Brosses plates
- Vernis teinté

- Colle vinylique
- Pince japonaise
- Coupe-verre
- Pince à détacher
- Scie sauteuse
- Couteau à enduire
- Chiffon propre
- Ciment
- Éponge
- Gants et lunettes de protection

Dessin du motif décoratif

Voici le motif retenu pour la réalisation de la mosaïque.

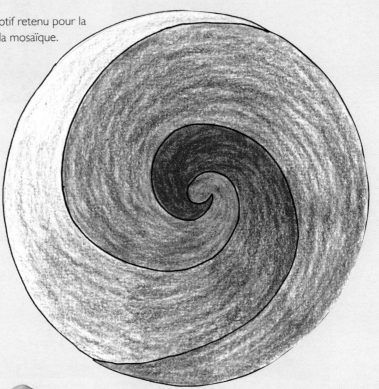

N'entreprenez jamais l'élaboration d'une mosaïque sans en avoir au préalable dessiné le motif. Ce dessin définit non seulement la structure de l'ouvrage à réaliser, mais sert aussi de référence et de guide durant l'ensemble du processus.

◀ I Dessinez le motif qui va servir de modèle pour décorer le plateau de la table. Il se compose de deux spirales, l'une en bois verni d'un ton acajou, l'autre en mosaïque d'une teinte que l'on va dégrader en partant d'un ton rouge au centre, pour la faire passer progressivement à des tons orangés puis jaunes.

Découpe et collage de la spirale en bois

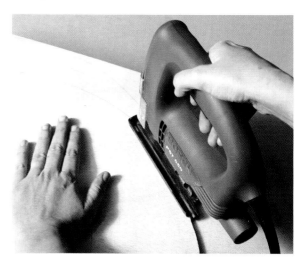

▲ **2** Tracez une spirale sur le bois de placage (ici, d'une épaisseur de 3 mm).

▲ **3** Découpez le contour de la spirale à la scie sauteuse. Procédez avec une infinie précaution, car le bois est mince et peut éclater.

◄ **4** Avec une brosse plate, encollez la superficie de l'aggloméré où sera placée la spirale de bois. Vous pouvez, si vous le préférez, encoller la spirale.

► **5** Mettez la spirale en place sur le plateau en aggloméré, en la pressant légèrement pour qu'elle adhère mieux. Laissez sécher.

98

▲ **6** Quand le bois est solidement fixé, vernissez-le. Nous avons choisi ici un vernis de teinte acajou qui se marie bien aux tonalités rouges, orangées et jaunes composant le dégradé de la mosaïque.

▲ **7** Laissez parfaitement sécher le vernis avant de passer à l'élaboration de la mosaïque. Le temps de séchage à respecter est toujours indiqué sur l'emballage du produit.

Coupe des tesselles en verre

Vous pouvez procéder à la découpe du verre pendant que sèche le vernis. Dans cet exemple, les tesselles sont découpées de façon inégale. Leur assemblage permettra ainsi d'obtenir plus aisément l'effet de dégradé recherché. Calculez approximativement le nombre de tesselles dont vous aurez besoin dans chacune des couleurs et coupez-les de façon irrégulière. Ce travail préalable vous permettra de réaliser la mosaïque beaucoup plus rapidement.

▲ **8** Rayez le verre au coupe-verre.

◀ **9** Avec la pince à détacher, coupez la pièce en deux. En divisant à nouveau ces pièces de la même manière, vous obtiendrez des tesselles de plus petite taille.

▶ **10** La pince japonaise est très utile pour obtenir des tesselles de taille réduite.

99

Pose en *opus incertum* des tesselles rouges

Lorsque vous avez fini de couper les tesselles
et que le vernis est sec, vous pouvez alors
aborder la troisième étape du travail, qui
consiste à assembler les pièces en *opus incertum*
et à les disposer de manière à obtenir un
dégradé de couleur.

▸ **11** Réalisez la mosaïque en plusieurs petites
étapes, pour que la colle n'ait pas le temps
de sécher. Commencez par appliquer la
colle vinylique sur une partie de la spirale.

◂ **12** Choisissez des tesselles
rouges dont la forme puisse
s'adapter au début de la
spirale et collez-les.

▸ **13** Respectez le même
processus de mise en place
des tesselles pour toute la
mosaïque : posez tout d'abord
les tesselles en suivant le
contour de la spirale, puis
complétez l'intérieur du motif.
Suivre cet ordre facilite la
réalisation de la mosaïque.

Pose des tesselles orangées

◂ **14** Toutes les tesselles
mises en place jusqu'ici
sont de couleur rouge. Pour
créer le dégradé du rouge
à l'orange, commencez
par inclure une première
tesselle de couleur orangée.

▸ **15** Encollez le second
tronçon de la spirale, puis
entourez la tesselle orangée
de tesselles rouges.

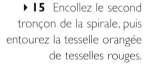

▲ **16** On constate ici que la couleur dominante reste le rouge, mais que celui-ci commence à être émaillé de tesselles de teinte orangée, d'abord une, puis deux, puis quatre… et ainsi de suite.

▲ **17** Il importe de réaliser le dégradé de façon très progressive, afin d'éviter un passage brusque ou trop marqué d'une couleur à l'autre.

▶ **18** Modifiez peu à peu la proportion de tesselles orangées par rapport aux tesselles rouges, jusqu'à ce que les tesselles orangées deviennent dominantes.

Pose des tesselles jaunes

◀ **19** Les tesselles rouges se font de plus en plus rares, jusqu'à disparaître et laisser la place aux tesselles orangées ; posez alors la première tesselle jaune.

▶ **20** Poursuivez le processus en encadrant la première tesselle jaune de tesselles orangées, puis en en posant deux, puis trois… et terminez en ne posant que des tesselles jaunes.

▲ **21** Vous parviendrez ainsi à la fin de la spirale. Pour mettre en place les dernières tesselles, vous allez devoir les couper sur mesure. Mettez une pièce en place et tracez la ligne de coupe au feutre.

▲ **22** Placez le tranchant de la pince sur cette ligne et pressez pour couper.

◀ **23** Quand vous aurez coupé la tesselle à la bonne taille, mettez-la soigneusement en place avec les doigts.

▶ **24** Pour terminer l'agencement des pièces, répétez cette opération en traçant au feutre, sur chaque pièce, la ligne de coupe.

◀ **25** Voici une vue détaillée des dernières tesselles mises en place.

Jointoiement

▶ **26** Nous avons choisi de réaliser les joints dans un ton brun rougeâtre qui fera ainsi le lien entre les deux spirales et mettra en valeur les tesselles. Pour obtenir ce ton, mélangez deux ciments, un de couleur marron et un autre de couleur rouge.

▲ **27** Ajoutez peu à peu l'eau à la poudre.

▲ **28** Mélangez au couteau jusqu'à obtention de la teinte et de la texture appropriées.

◀ **29** Appliquez le ciment sur la mosaïque en le faisant bien pénétrer dans les interstices.

▶ **30** Si le couteau est trop large, appliquez le ciment directement avec les doigts sur le chant de la mosaïque.

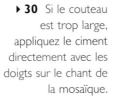

▲ **31** Enduisez toute la surface de la mosaïque, en veillant à ne pas tacher le bois. Si cela se produit, ce ne sera pas un réel problème, puisque le bois est verni ; il suffira de le nettoyer aussitôt avec un chiffon humide.

▲ **32** Quand la mosaïque est entièrement recouverte de ciment, laissez sécher pendant environ 30 minutes.

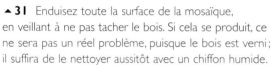

33 Lorsque le ciment est parfaitement sec, retirez l'excédent avec une éponge.

▶ **34** Achevez le nettoyage de toute la mosaïque avec un chiffon humide.

Si la table doit être placée à l'extérieur, pensez à imprégner les deux faces du plateau d'un vernis hydrofuge, mat et incolore, pour la protéger de l'humidité.

◀ **35** Éliminez, au pinceau, les résidus de ciment. Le plateau de la table est terminé. Achevez la construction de la table, en l'équipant de pieds que vous visserez sur la face inférieure du plateau. Elle sera alors prête à remplir sa fonction.

Voici notre table. Il ne fait
aucun doute que la mosaïque
dont elle est ornée lui
confère un cachet insolite
et un charme indéniable.

Dès l'Antiquité, les frises ont été très employées dans l'élaboration des mosaïques. Ces bandes ornementales sont formées d'éléments répétitifs qui peuvent être de composition simple ou beaucoup plus élaborée. Les motifs floraux ou géométriques sont les plus récurrents.

Dans de nombreuses mosaïques gréco-romaines, la frise n'est pas employée comme motif principal, mais se limite à encadrer et à enjoliver un panneau. L'exécution des frises ne présente pas de grandes difficultés, étant donné que les motifs sont répétitifs, mais il est important de travailler à partir d'un dessin bien défini et de couper les tesselles avec beaucoup de minutie, car elles doivent être aussi régulières que possible et très peu espacées. Comme nous l'avons indiqué précédemment, une frise peut servir à encadrer un sujet central ou être employée de façon isolée. Avant de vous décider pour un motif particulier, il vous faudra tenir compte de la surface à recouvrir ; si elle est de taille réduite, le dessin de la frise devra être assez simple et si vous disposez de beaucoup plus d'espace, vous pourrez en profiter pour concevoir un motif beaucoup plus complexe. Les frises conviennent bien à l'ornementation d'un cadre entourant un miroir ou une photographie, ou au décor du pourtour d'une table.

Modèles de frises

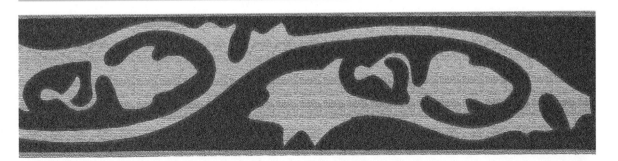

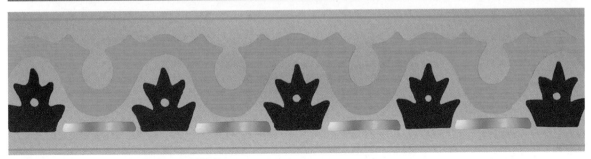

Pas à pas : CADRE PHOTO

Pour illustrer ce chapitre, nous vous proposons de décorer un cadre photo avec une frise en mosaïque. Étant donné la petitesse de la surface à recouvrir, nous avons été contraints de concevoir un motif simple. Vous apprendrez dans cet exercice à employer des tesselles à chant arrondi pour obtenir une finition soignée.

La frise que vous allez élaborer se compose de plusieurs parties :

- Les bordures interne et externe du cadre sont formées de tesselles rectangulaires de couleur terre présentant une arête arrondie.
- Le motif principal est formé de losanges imbriqués dont le pourtour est constitué de tesselles bleues et l'intérieur, d'une tesselle de couleur verte, pour créer un effet de contraste.
- L'espace entre les losanges et les bordures est recouvert de tesselles de couleur terre d'un ton plus soutenu que celui des tesselles d'encadrement.

Les couleurs employées sont naturelles et les carreaux choisis pour les tesselles sont revêtus d'un émail mat qui leur donne un aspect patiné et confère à la mosaïque un cachet à l'ancienne.

Matériaux et outils

- Cadre photo
- Carrelette
- Pince japonaise
- Colle vinylique
- Pinceaux
- Couteau à enduire
- Ciments-joint blanc et noir

- Carreaux de céramique
- Crayon à papier et crayons de couleur
- Feuille de papier et papier carbone
- Éponge
- Gants et lunettes de protection

Dessin du motif décoratif

▲ **1** Dessinez sur une feuille de papier le motif de la frise en tenant compte des dimensions du cadre.

110

Voici le dessin du motif décoratif qui va servir à réaliser la mosaïque qui ornera le cadre.

Le dessin doit être aux dimensions exactes du cadre à décorer. Lors de son report sur le cadre, maintenez bien le papier à dessin et le papier carbone contre le cadre, pour éviter qu'ils ne se déplacent lorsque vous repasserez sur le tracé.

▲ **2** Pour éviter de casser, de salir ou d'abîmer le verre du cadre, retirez-le.

▲ **3** Placez le papier carbone sur le cadre et recouvrez-le de la feuille sur laquelle vous avez dessiné le motif. Faites bien coïncider le pourtour du dessin avec celui du cadre.

4 Maintenez fermement en place le papier carbone et le dessin du motif, pour qu'ils ne bougent pas, puis repassez sur le tracé du dessin avec un crayon afin de reporter le motif sur le cadre.

Préparation des tesselles

Après avoir transféré le motif sur le support, il faut préparer les tesselles.
Vous commencerez par poser les tesselles ornant les bords intérieur et extérieur du cadre. Pour la netteté de la finition de la mosaïque, coupez les tesselles sur les bords du carreau de céramique, dont l'arête est arrondie. Les bordures du cadre auront ainsi un aspect plus net que si vous utilisiez des tesselles à arêtes vives ou mélangiez tesselles à arêtes vives et tesselles à arêtes arrondies.

5 Mesurez la largeur que doivent avoir les tesselles de bordure et rayez le carreau sur le bord à l'aide de la carrelette.

6 Rabattez le levier de la carrelette d'un léger coup sec pour couper une première bande.

▶ 7 Pour obtenir de bons résultats, effectuez la coupe avec précision. Les tesselles doivent toutes être de la même taille. Placez la bande horizontalement contre la règle de la carrelette et incisez toutes les tesselles pour pouvoir les couper ensuite plus facilement à la pince. En les incisant au préalable, vous obtiendrez une coupe nette et des tesselles de taille similaire.

▼ 8 Après avoir rayé les lignes de séparation des tesselles, commencez par couper à la carrelette des tronçons correspondant à deux tesselles.

▼ 9 Ensuite, coupez ces tronçons en deux avec la pince, afin d'obtenir des tesselles de la taille recherchée.

113

Élaboration de la bordure de la mosaïque

▲ 10 Le cadre utilisé comme support étant en bois, utilisez de la colle vinylique pour fixer les tesselles.

▲ 11 Au pinceau, étalez la colle sur le pourtour du cadre, en procédant par petites étapes.

Pose en *opus tessellatum* des tesselles couleur terre

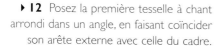

*Pour que la colle n'ait pas le temps
de sécher, encollez le cadre par zones
successives. Enduisez une petite surface,
collez les tesselles, et ainsi de suite.*

▶ **12** Posez la première tesselle à chant
arrondi dans un angle, en faisant coïncider
son arête externe avec celle du cadre.

▲ **13** Alignez ensuite les autres tesselles en bordure
du cadre. Si la dernière tesselle de la rangée est trop
longue et déborde du cadre, ajustez la longueur en
la coupant du côté opposé à l'angle.

▲ **14** Continuez à poser une à une toutes les
tesselles sur le pourtour du cadre.

◀ **15** L'étape suivante
consiste à mettre en place
les tesselles de la bordure
interne. Comme vous pouvez
l'observer, le chant arrondi
des tesselles doit être orienté
vers l'extérieur. Posez une
première tesselle sur l'un
des côtés de l'angle interne
du cadre, puis marquez
la tesselle qui va compléter
l'angle de la bordure pour la
couper à la bonne dimension.

▶ **16** Après avoir marqué la
tesselle, coupez-la à la pince.

▲ **17** Voici une vue détaillée de l'angle de la bordure après la mise en place de la tessselle coupée à l'étape précédente.

▲ **18** Continuez à poser les tesselles jusqu'à ce que la bordure interne soit terminée.

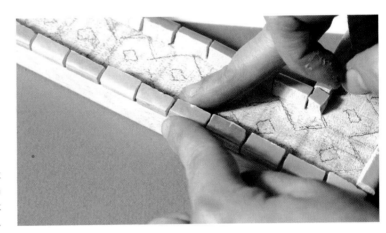

▶ **19** Quand toutes les tesselles sont mises en place, réajustez leur position en les alignant soigneusement avant que la colle ne sèche.

Pose des tesselles bleues

Comme l'espace compris entre les bordures est étroit, mieux vaut laisser sécher la colle pendant 30 minutes avant de passer à l'étape suivante : vous éviterez ainsi de déplacer les tesselles déjà posées.

▶ **20** Cette fois, nul besoin d'utiliser les arêtes arrondies des carreaux. Supprimez-les à la carrelette et conservez-les pour réaliser une autre mosaïque.

UTILISATION DES ARÊTES ARRONDIES

- Si vous utilisez les arêtes arrondies des carreaux pour réaliser la bordure d'une mosaïque, cette dernière aura un aspect beaucoup plus soigné.
- En général, il ne faut pas mélanger des tesselles à arêtes vives et des tesselles à arêtes arrondies à l'intérieur d'une mosaïque, sauf si vous voulez donner au contour d'un élément du motif un aspect bombé pour le mettre en valeur. En ce cas, toutes les tesselles du contour devront avoir des arêtes arrondies.

▲ **21** Rayez toute la superficie du carreau en dessinant des petits carrés. Les losanges de la mosaïque sont en effet formés de pièces carrées qui doivent être aussi égales que possible. Plus les carrés seront réguliers, plus le résultat sera net, d'autant que ce schéma est répétitif.

◀ **22** Avec la carrelette, coupez le carreau en bandes, puis divisez ces bandes en tronçons.

◀ **23** Quand les pièces sont trop petites pour être coupées à la carrelette, ayez recours à la pince japonaise.

▶ **24** Les chants des tesselles doivent être aussi droits que possible. Positionnez soigneusement le tranchant de la pince sur la ligne de coupe, pour obtenir une coupe franche et nette.

▸ 25 Après avoir coupé toutes les tesselles carrées, appliquez la colle au pinceau sur le premier losange du motif.

▲ 26 Posez une à une les tesselles formant le contour du losange, puis enduisez de colle le losange suivant.

▲ 27 Lorsque vous aurez mis en place toutes les tesselles formant les contours des losanges, vous compléterez ces derniers en posant au centre une tesselle carrée d'un ton contrastant. Coupez ces tesselles en suivant le processus décrit précédemment.

▸ 28 Complétez les losanges en collant une tesselle au centre.

Préparation et mise en place des dernières tesselles

▲ 29 Les tesselles restant à poser ont une forme triangulaire. Commencez par couper le carreau en éliminant les arêtes arrondies.

▲ 30 Tracez les triangles sur chaque bande.

▼ 31 Découpez les tesselles triangulaires en plaçant le tranchant de la pince sur la ligne tracée.

▼ 32 Mettez en place ces triangles dans les espaces libres restants. Il sera peut-être nécessaire de retoucher certaines tesselles.

▼ 33 Si une tesselle ne s'ajuste pas bien, recoupez-la soigneusement à la pince pour lui donner la taille voulue.

▼ 34 Toutes les tesselles sont maintenant en place.

▶ 35 Rectifiez, éventuellement, la position des tesselles avant que la colle ait entièrement séché et qu'elles soient trop solidement fixées.

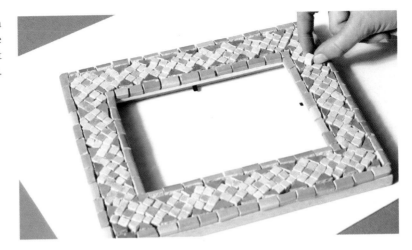

Jointoiement

Nous avons choisi un ciment de couleur grise pour faire ressortir les teintes de la mosaïque et donner à la frise un aspect contrasté.

▶ 36 Vous pouvez acheter du ciment gris ou mélanger du ciment noir et du ciment blanc.

▼ 38 Remuez au couteau jusqu'à ce que la pâte soit de la bonne consistance. Si sa teinte vous paraît trop claire, ajoutez un peu de ciment noir ; si, au contraire, elle est trop sombre, éclaircissez-la en ajoutant du ciment blanc.

▼ 37 Ajoutez l'eau peu à peu.

En mélangeant ciment noir et ciment blanc, vous pouvez, en modifiant les proportions de chaque teinte, choisir le ton qui vous convient le mieux, ce qui ne sera pas nécessaire si vous optez pour un ciment gris.

◀ **39** Vérifiez que toutes les tesselles soient bien fixées, puis appliquez le ciment sur la mosaïque, à l'aide du couteau.

▲ **40** Enduisez entièrement la surface de la mosaïque en veillant à combler parfaitement tous les interstices séparant les tesselles.

▲ **41** Appliquez ensuite le ciment au couteau sur les chants de la mosaïque, de bas en haut.

◀ **42** Retirez l'excédent de ciment.

▶ **43** Pressez le ciment avec un doigt pour bien le faire pénétrer entre les tesselles.

Réparation et finition

▶ **44** Si vous n'avez pas laissé
la colle sécher assez longtemps,
il peut arriver que certaines
tesselles se détachent.

▲ **45** Nettoyez alors le logement de la tesselle
en retirant, au pinceau, les résidus de ciment.

▲ **46** Encollez à nouveau la tesselle.

▶ **47** Pour que l'assemblage soit
plus solide, encollez aussi la
surface du cadre et les chants
des tesselles adjacentes.

◀ **48** Quand la colle est sèche, appliquez à nouveau du ciment.

▲ **49** Lorsque toute la mosaïque est recouverte de ciment, attendez 30 minutes avant de la nettoyer.

▲ **50** Nettoyez la mosaïque avec une éponge légèrement humide.

◀ **51** Éliminez les restes de poudre au pinceau. La mosaïque est alors terminée. Il ne vous reste plus qu'à remettre en place le verre du cadre.

Habillé de cette frise en mosaïque, le cadre rempli joliment son double rôle fonctionnel et décoratif.

Pas à pas : pot en terre cuite

Toutes les mosaïques vues jusqu'ici ont été réalisées sur des surfaces horizontales, c'est-à-dire sur un support placé horizontalement sur le plan de travail.

Si, au contraire, le support retenu exige de travailler verticalement, il ne faut pas choisir n'importe quelle colle pour fixer les tesselles. En l'occurrence, il n'est pas possible d'utiliser de la colle vinylique car elle n'est pas appropriée pour les surfaces verticales : en effet, il faudrait maintenir la pièce en place avec les doigts jusqu'à ce que la colle ait pris pour éviter qu'elle ne glisse vers le bas. Le travail serait trop laborieux. Quand le support choisi est vertical, il faut alors avoir recours à la silicone, qui permet de mettre en place les tesselles plus rapidement, car elles se fixent instantanément au moment du collage et ne bougent pas.

Ainsi, chaque fois que vous voudrez recouvrir de mosaïque une surface qui vous oblige à travailler verticalement – un vase, un bougeoir, un pot… –, utilisez de la silicone transparente pour coller les tesselles.

Afin d'illustrer la marche à suivre pour revêtir de mosaïque une surface verticale, nous avons choisi de décorer un pot en terre cuite. Les pièces de céramique qui composent cette mosaïque sont coupées de façon irrégulière et assemblées en *opus incertum*. En ce qui concerne les couleurs, nous avons opté pour une gamme variée de bleus. Pour le jointoiement, le ciment employé sera de couleur terre, afin que la mosaïque soit entièrement intégrée à son support.

Matériaux et outils

- Pot en terre cuite
- Carreaux et fragments de céramique unis et ornés de motifs
- Marteau
- Pince japonaise
- Pinceau
- Feuille de papier
- Feutre et crayons de couleur
- Crayon à papier
- Silicone transparente
- Planche de bois ou d'aggloméré
- Couteau à enduire
- Ciment de couleur terre
- Éponge
- Chiffon propre
- Gants et lunettes de protection

Dessin
du motif décoratif

Voici le dessin du motif décoratif
qui va vous servir de modèle
pour l'exécution de la mosaïque.

*Un pot orné de
mosaïque est une
excellente idée de
cadeau ; la réalisation
du décor demande
peu de temps et l'effet
obtenu est séduisant.*

Vous pouvez également
choisir de revêtir entièrement
le pot de mosaïque.

▲ **1** Commencez par exécuter le dessin qui va vous servir de guide pour réaliser la mosaïque. Le pot est ici partiellement recouvert de mosaïque, mais vous pouvez aussi choisir de le recouvrir entièrement, comme le montre le dessin de la page précédente.

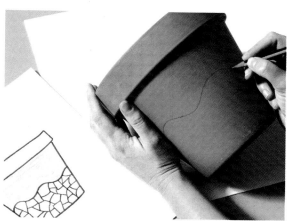

▲ **2** En vous référant au dessin, tracez une ligne ondulée à mi-hauteur du pot.

◄ **3** Placez les carreaux de céramique sur un support en bois, pour ne pas endommager le plan de travail, et brisez-les en morceaux à l'aide du marteau.

Les fragments de céramique doivent être de petite taille car, s'ils sont trop grands, ils épouseront mal la courbure du pot.

◄ **4** Répétez l'opération jusqu'à ce que vous disposiez de nombreuses pièces de couleurs différentes.

126

▲ **5** Si vous voulez les fractionner encore pour obtenir des pièces de plus petite taille, utilisez la pince.

▲ **6** Voici l'aspect que présentent les différentes pièces après leur coupe.

Mise en place des tesselles le long de la ligne ondulée

Commencez par disposer les tesselles en suivant la ligne ondulée. Employez des tesselles à arêtes arrondies pour la netteté de la finition.

▸ **7** Détail d'une tesselle à arête arrondie.

▲ **8** Appliquez un peu de silicone sur l'envers de la tesselle. La quantité de colle doit être suffisante pour coller la tesselle, mais pas excessive, afin d'éviter les débords au moment du collage.

◂ **9** Posez la tesselle de telle sorte que son arête arrondie soit sur la ligne tracée, puis pressez-la contre la surface du pot, pour qu'elle y adhère bien. Le grand avantage de la silicone est que la pièce ne bouge plus une fois fixée. Pour travailler plus commodément, vous pouvez incliner le pot et le faire pivoter au fur et à mesure que vous collez les tesselles.

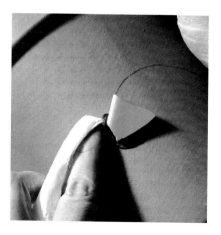

◀ **10** Si vous avez utilisé trop de silicone, essuyez les bavures avec un chiffon.

▶ **11** Collez une à une toutes les tesselles. Choisissez parmi les pièces que vous avez coupées celles dont la forme s'adapte le mieux à la ligne ondulée. Pensez également à alterner les couleurs.

128

▲ **12** Après avoir collé les pièces sur tout le tracé, ne continuez pas à faire pivoter le pot pour coller les autres, car la silicone n'est pas encore sèche. Mieux vaut poser le pot à l'envers. Coupez, à la pince, la dernière tesselle pour l'ajuster à l'espace restant.

▲ **13** Mettez en place la dernière pièce en achevant ainsi la bordure ondulée de la partie supérieure de la mosaïque.

Pose des tesselles sur le bord inférieur du pot

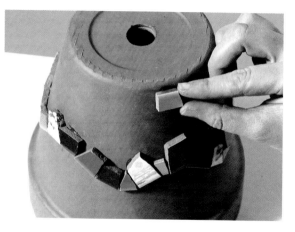

Pour recouvrir le bord inférieur du pot, utilisez également des tesselles comportant une arête arrondie.

◀ **14** Posez la première tesselle de telle sorte que son arête arrondie soit tournée vers la base du pot.

▸ **15** Collez toutes les tesselles
formant la bordure inférieure
de la mosaïque.

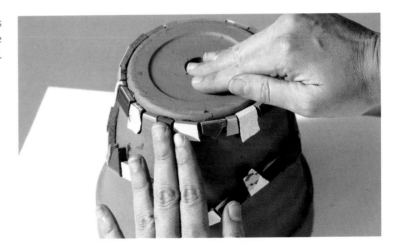

Couverture de l'espace compris entre les deux bordures

Après avoir mis en place les tesselles formant
les bordures supérieure et inférieure de la
mosaïque, le moment est venu de poser les
tesselles recouvrant toute la surface séparant
ces deux bordures.

▸ **16** Les pièces utilisées dans cette dernière étape
ne doivent pas être munies d'arêtes arrondies.
Choisissez parmi les tesselles coupées celles dont les
formes et les couleurs s'agencent au mieux. Évitez de
placer des tesselles de même teinte l'une à côté de
l'autre. Associez les couleurs pour créer un effet
aussi varié que possible.

◂ **17** Après avoir posé la dernière
tesselle, attendez que la colle soit
parfaitement sèche et que les pièces
soient solidement fixées pour
effectuer le jointoiement.

Jointoiement

Le jointoiement de la mosaïque doit être effectué avec beaucoup de soin. De sa bonne exécution dépendent en grande partie la stabilité et la résistance de l'ouvrage.

◀ **18** La couleur terre convient bien au jointoiement d'une mosaïque recouvrant un objet en terre cuite. Les tesselles sont ainsi parfaitement intégrées à leur support, d'autant que, dans le cas présent, la mosaïque ne recouvre qu'une partie du pot.

◀ **19** Ajoutez délicatement l'eau au ciment en poudre.

▶ **20** Mélangez au couteau pour obtenir une pâte onctueuse et homogène.

▼ **21** Appliquez le ciment, de l'intérieur vers l'extérieur, sur le bord inférieur du pot retourné à l'envers.

▼ **22** Raclez l'excédent au couteau, en le tenant perpendiculairement à la mosaïque.

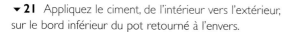

▲ **23** Pour finir, lissez le ciment avec le doigt, pour donner une forme arrondie au chant inférieur de la mosaïque.

▲ **24** Couchez le pot et appliquez le ciment sur la bordure supérieure de la mosaïque, en veillant à ce qu'il ne déborde pas trop sur le pot.

◄ **25** Retirez le surplus de ciment avec le doigt en suivant le contour ondulé de la mosaïque.

▶ **26** Enduisez de ciment toute la mosaïque, puis laissez sécher.

Nettoyage final

Quand le ciment a séché, procédez à un nettoyage minutieux de la mosaïque pour lui donner un aspect final aussi soigné que possible.

▶ **27** Passez une éponge humide sur l'ensemble de la mosaïque.

▲ **28** Retirez les résidus de poudre, au pinceau, sur le bord inférieur du pot.

▲ **29** Repassez sur la bordure ondulée de la mosaïque avec le manche du pinceau, pour que son contour soit parfaitement net.

▲ **30** Éliminez, au pinceau, les restes de ciment sur la surface non recouverte de mosaïque.

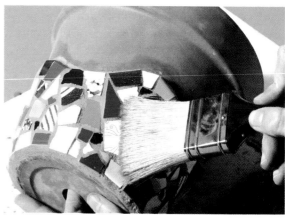

▲ **31** Époussetez également la surface de la mosaïque, pour qu'elle soit parfaitement nette.

Voici un autre exemple de pot entièrement recouvert de tesselles jointoyées avec un ciment blanc. On distingue à peine les joints séparant les tesselles de couleur blanche qui servent de fond aux tesselles rouges et les mettent ainsi en valeur.

Ainsi décoré de mosaïque,
le pot reste fonctionnel tout
en étant métamorphosé en
un objet décoratif et séduisant.

Pas à pas : mosaïque murale

Recouvrir de mosaïque une surface verticale est toujours une tâche complexe. Dans le chapitre précédent, nous avons présenté une méthode de travail très simple, où nous utilisions de la silicone plutôt que de la colle vinylique, afin que les tesselles soient instantanément fixées lors de leur mise en place et ne glissent pas vers le bas. Il existe une autre méthode, un peu plus difficile, qui s'emploie surtout pour la réalisation de mosaïques murales ou de mosaïques destinées à décorer des surfaces courbes. Elle consiste à utiliser un filet en fibre de verre. Cette technique offre de multiples avantages :

• Étant élaborée sur un support qui n'est pas rigide, la mosaïque s'adapte à n'importe quelle surface.
• La mosaïque peut être réalisée entièrement en atelier, sur un plan de travail horizontal, pour être ensuite appliquée sur le support vertical auquel elle est destinée.

Cette méthode suppose que :
• Le support soit définitivement intégré à la mosaïque et à la surface qui la recevra.
• Le gabarit des tesselles soit limité par la taille de la maille du filet en fibre de verre ; les tesselles ne peuvent être plus petites que les trous du filet sur lequel elles doivent être collées.
• Si l'on souhaite réaliser une mosaïque de grande dimension, on ne peut l'élaborer sur un même support, car elle serait ensuite difficile à transporter et à mettre en place. Il faut alors constituer différents panneaux de 30 à 40 cm², et les poser les uns à côté des autres.

Nous vous proposons ici de réaliser une petite mosaïque murale, dont le motif est une libellule, qui pourra parfaitement décorer le mur d'une terrasse ou d'un jardin.

Matériaux et outils

• Carreaux de céramique
• Cabochons en verre teinté
• Feutre
• Feuille de papier
• Bâtonnets de cire ou crayons de couleur
• Filet en fibre de verre
• Feuille de plastique
• Carrelette
• Pince
• Alcool et chiffon
• Silicone transparente
• Ciseaux
• Couteaux à enduire
• Ciment-joint gris
• Gants et lunettes de protection

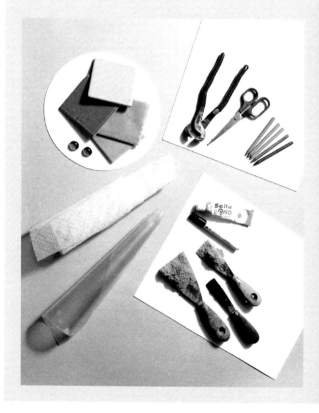

Dessin du motif décoratif

Voici le motif qui va
servir de modèle pour
l'exécution de la mosaïque.

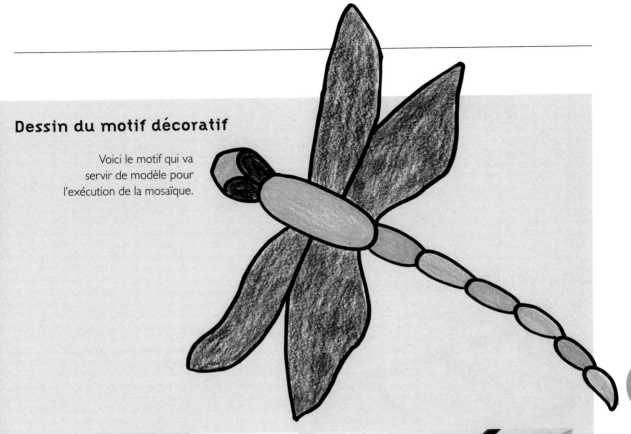

*Quand il s'agit de reproduire un
motif comme celui du présent exercice,
il faut effectuer minutieusement
le décalquage des différents éléments
qui le composent.*

▲ **1** Comme toujours, la première étape consiste
à réaliser un dessin en taille réelle du motif
de votre mosaïque.

◀ **2** Quand le dessin est terminé, posez dessus
le filet en fibre de verre et décalquez-le au feutre.

◀ 3 Décalquez avec soin les différentes parties du dessin, de façon qu'il soit reporté avec netteté sur le filet.

Préparation des tesselles

Les tesselles sont ici d'une forme particulière. Apportez beaucoup de soin à leur coupe, car elles doivent s'ajuster parfaitement aux lignes du motif.

◀ 4 Commencez par découper à la carrelette les bords du carreau qui ne seront pas utilisés.

▼ 5 Le thorax de la libellule est constitué d'une seule pièce. Pour le découper de façon précise, reportez-en le contour au feutre sur le carreau au travers des mailles du filet. Vous obtiendrez un tracé en pointillé.

▼ 6 Repassez ensuite sur ce tracé en pointillé avec le feutre.

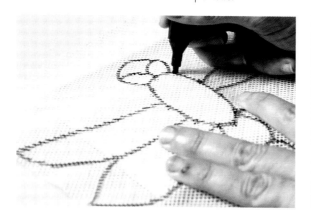

▲ **7** Découpez à la carrelette le rectangle dans lequel s'inscrit la forme tracée.

▲ **8** Coupez ensuite les quatre angles du rectangle à la pince, puis rognez progressivement le pourtour de la tesselle pour obtenir la forme recherchée.

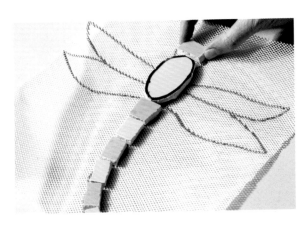

137

▲ **9** Répétez ce processus pour toutes les pièces formant la tête et la queue de la libellule. Vérifiez qu'elles sont de la bonne taille en les posant sur le filet.

▲ **10** Après vous être assuré que les pièces s'ajustent bien les unes aux autres, effacez le tracé fait au feutre à l'aide d'un chiffon imbibé d'alcool.

Élaboration du corps de la libellule

Vous allez commencer à coller sur le filet en fibre de verre les pièces formant le corps de la libellule, c'est-à-dire sa tête, son thorax et sa queue. Vous ajouterez ensuite les cabochons en verre représentant les yeux et, enfin, les tesselles composant les ailes.

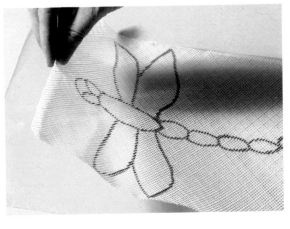

▶ **11** Protégez votre plan de travail avec une feuille de plastique, pour éviter que la silicone, en traversant les mailles du filet, ne colle la mosaïque au plateau de la table.

▲ **12** Employez de la silicone pour coller les tesselles, car la mosaïque doit être exposée à l'extérieur et ne sera donc pas à l'abri des intempéries.

▲ **13** Après avoir enduit de colle l'envers de la première tesselle, posez-la sur le filet à l'emplacement prévu, puis exercez une légère pression, pour une meilleure adhésion.

138

◄ **14** Répétez cette opération avec les autres tesselles composant le corps de la libellule. Appliquez un peu plus de colle sous les cabochons de verre formant les yeux, pour qu'ils soient un peu plus haut et bien mis en relief par rapport aux tesselles de céramique.

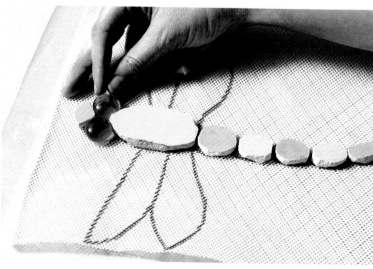

◄ **15** Voici l'aspect du corps de la libellule après mise en place des cabochons rehaussés par la couche de silicone.

Élaboration des ailes

Quand le corps de la libellule est terminé,
il ne vous reste plus qu'à recouvrir la surface
correspondant aux ailes, qui sont formées
de tesselles de plus petite taille et de forme
inégale, en mélangeant les bleues et les mauves,
pour obtenir une plus grande variété
chromatique.

▶ **16** À l'aide de la pince, découpez les
carreaux en petites tesselles.

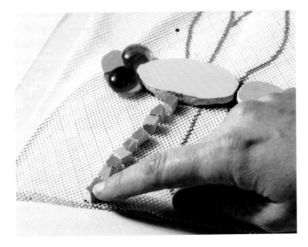

▲ **17** Commencez par coller à la silicone les tesselles
qui formeront le pourtour des ailes. Si vous voulez
qu'une couleur domine, employez un plus grand nombre
de tesselles de cette couleur-là.

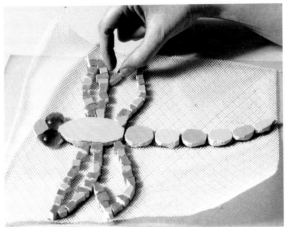

▲ **18** Achevez de coller les tesselles
de la ligne de contour avant de
recouvrir l'intérieur des ailes.

▶ **19** Collez les tesselles une à
une en intercalant les couleurs,
jusqu'à ce que toute la surface
des ailes soit couverte.

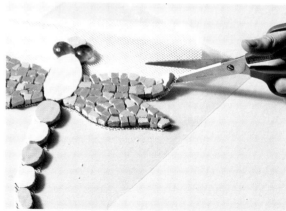

▲ **20** Attendez que la silicone ait séché, puis soulevez le filet pour le détacher de la feuille plastique.

▲ **21** Comme cette mosaïque se compose d'un motif sans fond, découpez le filet en suivant le contour de la libellule. Vous auriez également pu découper le motif avant la pose des tesselles, le résultat aurait été le même.

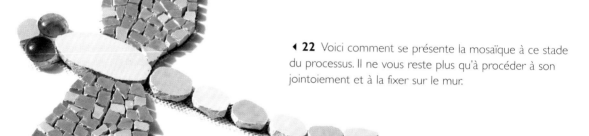

◀ **22** Voici comment se présente la mosaïque à ce stade du processus. Il ne vous reste plus qu'à procéder à son jointoiement et à la fixer sur le mur.

Jointoiement

Pour des raisons de commodité, mieux vaut jointoyer la mosaïque à ce stade, sur le plan de travail, plutôt que de la fixer au mur et de procéder ensuite à son jointoiement. Il est toujours plus difficile de travailler à la verticale.

▶ **23** Versez peu à peu l'eau sur le ciment en poudre. Pour obtenir un gris soutenu, nous avons mélangé des ciments ayant différents tons de gris.

▲ **24** Mélangez bien, jusqu'à obtention d'une pâte homogène de la bonne consistance.

▲ **25** Appliquez le ciment sur toute la mosaïque, en procédant avec soin pour éviter de déplacer les tesselles.

◀ **26** Les mosaïques élaborées sur un filet sont plus délicates que celles réalisées sur un support rigide. Pour éliminer l'excédent de ciment, mieux vaut donc travailler directement avec les doigts plutôt qu'avec un outil, qui n'apporte pas la même sensibilité.

141

▶ **27** Lissez le contour de la mosaïque avec les doigts. La finition sera plus nette si le ciment recouvre bien le chant des tesselles.

◀ **28** Achevez le nettoyage de la mosaïque quand le ciment est un peu plus sec.

Mise en place de la mosaïque

À ce stade du processus, la mosaïque est achevée, et la dernière étape consiste à la fixer sur un mur.

142

▶ **29** Retournez la mosaïque.

▼ **30** Appliquez la silicone sur toute la surface du filet en fibre de verre. Bien que la silicone offre une solution très durable, vous pouvez aussi coller la mosaïque avec du ciment-colle.

▼ **31** Saisissez la mosaïque avec précaution et appliquez-la sur le mur en exerçant une légère pression. Maintenez-la quelques minutes, jusqu'à ce qu'elle soit bien fixée.

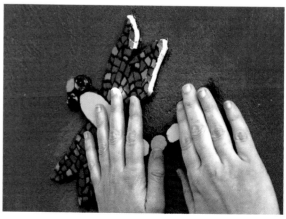

La mosaïque terminée est installée à l'emplacement qui lui est destiné. Elle constitue un décor élégant et égaie agréablement ce mur.

L'un des grands avantages de la mosaïque est qu'elle permet de redonner une nouvelle jeunesse à certains meubles ou objets. Avec un peu d'imagination, on peut ainsi métamorphoser entièrement certains éléments de son décor quotidien, que l'on soit lassé de leur aspect ou que l'on veuille simplement les rénover ou en modifier le style. La mosaïque offre, entre autres, la possibilité de recycler un vase, une table, un cadre de photo, une jardinière…

Avant d'entreprendre la réalisation d'une mosaïque, il faut en étudier la faisabilité et prendre en considération l'état dans lequel se trouve l'objet en question, car il peut avoir besoin d'être poli avant d'être recouvert de mosaïque. Il convient de sélectionner le matériau et la colle qui sont les plus adaptés à la nature du support, et de tenir compte d'éventuelles difficultés de réalisation, en fonction de sa forme et de son volume.

On peut non seulement recycler des objets, mais aussi des matériaux. Il existe, en effet, une infinité d'éléments qui peuvent être recyclés et transformés en tesselles, comme des débris de vaisselle en faïence ou en porcelaine, des perles ou cabochons de verre, des coquillages…

Vous trouverez dans ce chapitre deux idées de recyclage d'objets et de matériaux. Dans le premier exercice, nous vous proposons de recycler un vase en le décorant de mosaïque pour en rénover totalement l'aspect et en modifier radicalement le style. Dans le second projet, nous abordons le recyclage des matériaux. Vous y apprendrez comment utiliser des éléments recyclés de diverses natures et provenances pour décorer un miroir.

PAS À PAS : VASE

Nous vous proposons de décorer un vase en céramique de couleur ivoire avec une mosaïque composée de bandes de verre aux différents tons de vert. La composition est asymétrique et ne recouvre pas entièrement le support.

La réalisation de cette mosaïque ne présente pas de grande difficulté, mais la garantie de son succès repose sur une coupe correcte, à la bonne dimension, des bandes de verre. Pour cela, il est indispensable d'exécuter un dessin qui servira de guide pour la découpe de ces bandes.

Matériaux et outils

- Vase
- Coupe-verre
- Pince à détacher
- Règle
- Feuille de papier
- Crayon à papier et bâtonnets de cire
- Silicone

- Plaques de verre dans deux tons de vert
- Couteau à enduire
- Ciment-joint de couleur ivoire
- Éponge et chiffon
- Gants et lunettes de protection

Dessin du motif et préparation du support

La première étape du travail consiste à exécuter le dessin qui servira de guide pour la réalisation de la mosaïque.

▶ **1** Pour avoir une idée du résultat, commencez par dessiner le motif qui servira de référence.

▼ **2** Comme le motif est asymétrique, tracez sur le vase un premier point de repère correspondant à la hauteur de la plus petite bande.

▼ **3** Tracez ensuite un second point de repère qui indiquera clairement la hauteur de la plus grande des bandes.

▲ **4** Après avoir marqué les points de repère, tracez une ligne au crayon pour relier ces deux points.

▲ **5** Mesurez ensuite la largeur du vase.

◄ **6** Sur une feuille, reportez ces trois mesures: la largeur du vase et les deux hauteurs. Sur ce patron, tracez les lignes parallèles verticales délimitant les bandes pour pouvoir couper celles-ci à la bonne dimension.

Découpe des bandes de verre

Les bandes doivent être assez étroites pour épouser la forme bombée du vase. Si elles sont trop larges, elles ne s'adapteront pas à la courbure du support lorsque vous les collerez.

◄ **7** Délimitez les bandes sur les plaques de verre en les incisant au coupe-verre.

▲ **8** Positionnez la pince à détacher à l'extrémité des lignes tracées au coupe-verre pour fractionner la plaque en bandes égales.

Si vous souhaitez décorer les deux faces du vase, répétez l'ensemble du processus de découpe des bandes. Attention, comme le motif est asymétrique, il vous faudra inverser le dessin du patron.

▲ **9** Disposez les bandes sur le patron en alternant les couleurs et, surtout, en laissant un petit espace entre elles, qui sera ensuite comblé par le ciment de jointoiement.

▼ **10** Une fois toutes les bandes mises en place, posez la règle sur les deux points de repère préalablement marqués et tracez la ligne de coupe correspondante sur les bandes.

▼ **11** Au coupe-verre, tracez la ligne de coupe sur l'extrémité supérieure des bandes.

▶ **12** Divisez les bandes à la pince à détacher.

◀ **13** Après avoir coupé les bandes, disposez-les sur le motif dessiné.

Collage des bandes

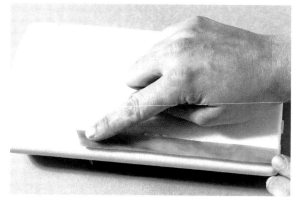

▲ **14** Enduisez de silicone l'envers de la première bande.

▲ **15** Collez cette première bande le long de la ligne tracée au crayon sur le vase. Pour travailler plus commodément, couchez le vase sur votre plan de travail.

▲ **16** Mettez en place les autres bandes, en laissant un petit espace entre elles.

▲ **17** Coupez sur mesure les bandes recouvrant les côtés du vase, afin qu'elles s'ajustent parfaitement. Posez-les sur le vase et tracez la ligne de coupe.

▸ **18** Après avoir posé toutes les bandes sur le vase, attendez que la silicone sèche et que les pièces soient bien fixées.

Jointoiement

Nous avons choisi un ciment-joint d'une teinte aussi proche que possible de celle du vase, pour que les bandes de verre ressortent mieux et que la mosaïque soit parfaitement intégrée au vase.

▸ **19** Ajoutez peu à peu l'eau au ciment de couleur ivoire.

▲ **20** Remuez le mélange jusqu'à obtention d'une pâte onctueuse.

▲ **21** Avec le couteau, étalez le ciment sur la mosaïque, en le faisant bien pénétrer dans tous les interstices.

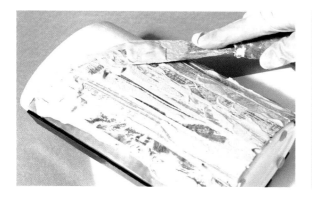

▲ **22** Appliquez le ciment sur la tranche supérieure des bandes de verre, sur une épaisseur d'environ 1 millimètre, pour assurer une meilleure finition et éviter de vous couper en manipulant le vase.

▲ **23** Lorsque la tranche supérieure est recouverte, retournez le vase pour enduire de ciment, de haut en bas, la tranche inférieure des bandes.

Finition

◄ **24** Raclez l'excédent de ciment avec le couteau.

▶ **25** Lissez ensuite le bord supérieur de la mosaïque avec votre doigt.

▼ **26** Laissez sécher le ciment pendant un bon moment, car la céramique émaillée du vase et les bandes de verre sont des matériaux non poreux. Quand il est bien sec, retirez l'excédent à l'éponge.

▼ **27** Pour parfaire l'aspect de la mosaïque, achevez le nettoyage avec un chiffon humidifié de produit pour les vitres.

Il ne fait aucun doute que la mosaïque transforme notablement l'aspect de ce vase. Elle a permis de lui donner une seconde vie tout en le rendant très décoratif.

Pas à pas : MIROIR

Voici un projet qui vous permettra de recycler tous ces matériaux de récupération que vous avez mis de côté parce qu'ils vous plaisent, mais que vous ne savez comment employer.
Nous vous expliquons ci-après comment fabriquer un miroir à partir d'une fine planche de bois de deux à trois millimètres d'épaisseur, et comment en décorer le pourtour avec une mosaïque composée de divers éléments.

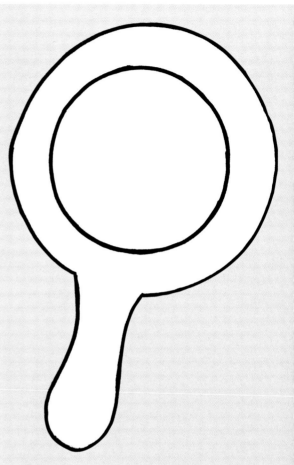

Matériaux et outils

- Planche de bois de 2 à 3 mm d'épaisseur
- Scie sauteuse
- Divers matériaux de récupération
- Silicone
- Pinceau
- Colle vinylique
- Brucelles
- Coupe-verre
- Pince à détacher
- Pince à bec-de-perroquet
- Feuille de papier et papier carbone
- Miroir
- Crayon à papier
- Feutre
- Ruban adhésif en cuivre
- Couteau à enduire
- Ciments-joint blanc et noir
- Chiffon propre
- Éponge
- Gants et lunettes de protection

Confection du support

▲ **I** Avant d'aborder la réalisation de la mosaïque, il faut fabriquer le support, c'est-à-dire le miroir. Commencez par dessiner ce dernier en taille réelle.

▲ **2** Doublez ce dessin d'une feuille de papier carbone pour le reporter sur la planche de bois en repassant sur le tracé.

▲ **3** Retracez ensuite les lignes du dessin pour qu'elles soient bien définies, car elles vont vous servir de guide pour la coupe.

▶ **4** Découpez la forme du miroir à la scie sauteuse.

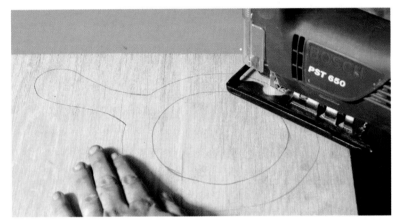

Mise en place du miroir

▼ **5** Après avoir découpé le bois, enduisez de colle vinylique la surface sur laquelle sera fixé le miroir proprement dit.

▲ **6** Mettez le miroir en place en le centrant bien et pressez-le avec la main pour qu'il adhère parfaitement au support et ne se déplace pas. Attendez que la colle soit sèche avant de passer à la décoration du support.

Mise en place des pièces

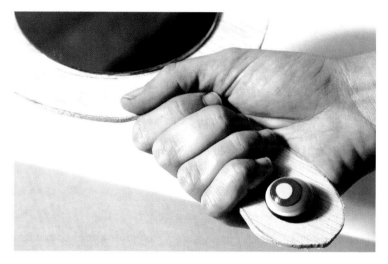

◀ **7** Veillez à ce que la poignée reste aussi dégagée que possible pour pouvoir saisir aisément le miroir. Comme la pièce sélectionnée pour décorer l'extrémité du manche est assez proéminente, mieux vaut vérifier, avant de la coller, que son emplacement ne gêne pas la prise en main du miroir.

◀ **8** Quand vous aurez décidé de l'endroit où vous allez coller cette première pièce, enduisez-la d'un peu de silicone…

▶ **9** … puis fixez-la sur le manche. Ce cabochon provient d'une bague cassée.

▲ **10** La pièce suivante, qui doit être fixée sur le cadre du miroir, est assez mince. Enduisez-la généreusement de silicone pour la mettre en relief.

▲ **11** Détail de la pièce mise en place sur le cadre. Elle est rehaussée par la couche épaisse de silicone.

▲ **12** Collez, une à une, les différentes pièces (perles rondes, cylindriques, coquillages, éléments en verre teinté…).

▲ **13** Pour manipuler les objets de petite taille, mieux vaut employer des brucelles. Laissez un peu d'espace entre les pièces pour pouvoir les jointoyer ensuite au ciment.

▲ **14** La mosaïque doit avoir l'aspect d'un collage ordonné et esthétique. Choisissez chaque fois, parmi les pièces dont vous disposez, celle dont la forme et la couleur contrasteront le plus avec la forme et la couleur des pièces adjacentes, pour créer ainsi un effet de variété.

▲ **15** Complétez peu à peu la mosaïque. La pose est rapide, car la majorité des pièces n'ont pas à être coupées. La principale difficulté réside dans l'agencement des pièces entre elles, car elles sont de tailles différentes. La mosaïque doit avoir un aspect très soigné.

Décoration de la poignée

▶ **16** Après avoir entièrement recouvert le cadre du miroir, vous allez en décorer la poignée. Comme nous l'avons précédemment indiqué, il est préférable que sa surface soit la plus lisse possible pour des raisons de commodité.

155

◀ **17** La poignée sera recouverte de chutes de verre teinté provenant d'autres mosaïques.

▲ **18** Dessinez sur le bois la forme et l'emplacement de chaque tesselle.

▲ **19** Rayez les morceaux de verre au coupe-verre.

▲ **20** Coupez-les avec la pince à détacher.

▲ **21** Disposez les tesselles sur les emplacements marqués.

▲ **22** Si les morceaux que vous avez coupés sont trop grands, ajustez-les et tracez la ligne de coupe au feutre.

▲ **23** Avec le coupe-verre, incisez la ligne tracée au feutre.

▲ **24** Si la tessele est de très petite taille, et que vous ne pouvez utiliser la pince à détacher pour la couper, servez-vous d'une pince à bec-de-perroquet. Positionnez la mâchoire de la pince perpendiculairement à la ligne de coupe et, d'une légère pression, partagez le verre en deux, comme si vous vouliez casser un morceau de chocolat.

▲ **25** Une fois que la tessele est de la bonne taille, collez-la sur la poignée avec de la silicone.

▸ **26** Voici l'aspect du manche entièrement recouvert de tesselles de verre.

Jointoiement

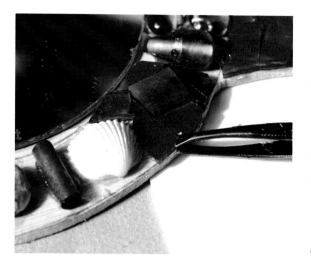

Pendant que vous procédiez à la décoration de la poignée du miroir, la colle qui maintient les pièces constituant le cadre a eu le temps de sécher. Assurez-vous qu'elles sont bien fixées, car vous allez maintenant combler les espaces qui les séparent avec des petits morceaux de verre qui donneront ainsi une uniformité à l'ensemble de la mosaïque.

◀ **27** Recouvrez de morceaux de verre préalablement encollés les espaces séparant les pièces.

◀ **28** Une fois ce travail achevé, attendez que la silicone soit bien sèche avant de procéder au jointoiement.

▶ **29** Pour obtenir un ciment de couleur grise, mélangez du ciment noir et du ciment blanc ; la proportion de ciment noir doit être plus importante, car il est préférable que le gris soit assez foncé.

◀ **30** Ajoutez l'eau peu à peu.

▶ **31** Mélangez au couteau jusqu'à obtention d'une pâte onctueuse.

Appliquez le ciment avec précaution, car les pièces de cette mosaïque étant toutes de forme et de taille différentes, elles risquent de se détacher.

▸ **32** Commencez par jointoyer les tesselles recouvrant la poignée et poursuivez en enduisant de ciment le reste du miroir.

▴ **33** Pour combler tous les interstices sans risquer de détacher des pièces, il vaut mieux, en certains endroits, appliquer le ciment avec les doigts.

▴ **34** Le miroir est maintenant entièrement recouvert de ciment. Laissez sécher pendant 30 minutes avant de procéder au nettoyage.

Nettoyage et finition

▸ **35** Éliminez l'excédent de ciment avec beaucoup de soin, en utilisant éventuellement l'extrémité du manche d'un pinceau. Dégagez ainsi les pièces une à une.

Après avoir retiré le surplus de ciment à la surface de la mosaïque, il faut également enduire de ciment le pourtour du miroir, pour que le résultat final soit plus net et, surtout, pour que vous ne risquiez pas de vous blesser en touchant les arêtes des tesselles en verre.

◀ **36** Éliminez les résidus de poudre avec un pinceau.

◀ **37** Après ce travail de nettoyage lent et minutieux, passez sur la mosaïque un chiffon imprégné de produit pour les vitres.

▲ **38** Nettoyez soigneusement le chant de la mosaïque à l'éponge, pour pouvoir le recouvrir d'un ruban adhésif en cuivre.

▲ **39** Pour parfaire la finition du miroir, collez le ruban de cuivre sur tout son pourtour.

Cet exemple démontre parfaitement qu'en tirant parti de différents objets et éléments recyclés, on peut créer une mosaïque pleine d'originalité.

Il se peut que lors d'un voyage, d'une visite de musée, ou en feuilletant un livre, vous ayez vu une mosaïque qui vous plaise et que vous aimeriez reproduire en la personnalisant. Reproduire une mosaïque et l'adapter pour créer une œuvre personnelle n'est pas difficile, à condition de consacrer le temps nécessaire à son observation. Il est en effet très important, avant d'entreprendre un tel travail, d'examiner avec attention la mosaïque originale et de tenir compte d'un certain nombre de points.

1. Soyez objectif et voyez si la reproduction est réalisable ou non en fonction des dimensions de l'œuvre originale. D'une façon générale, si la mosaïque qui vous plaît est de grande taille, vous ne pourrez prétendre la réduire énormément sans qu'elle perde de sa qualité, car vous serez obligé d'en supprimer de nombreux détails. Vous devez pouvoir adapter le motif à la taille du support dont vous disposez.

2. Examinez les matériaux utilisés dans l'œuvre originale. Utilisez si possible les mêmes, ou du moins des matériaux très similaires.

3. Ayez recours à des couleurs aussi proches que possible de celles du modèle et déterminez si les couleurs employées sont mates ou brillantes. Observez aussi la manière dont ont été utilisées ces couleurs, si elles sont dégradées, si différentes tonalités ont servi à obtenir une seule couleur ou si des couleurs de différents tons ont servi à créer des ombres ou des effets de mouvement.

4. Notez la forme des tesselles pour donner aux vôtres cette même forme.

5. Enfin, examinez le mode d'assemblage des tesselles, pour voir si celles qui forment le motif, comme le fond, sont disposées selon un ordre déterminé. Si tel est le cas, vous devrez poser vos tesselles en vous conformant strictement à cet ordre.

6. Après avoir passé en revue tous ces points, choisissez une technique de réalisation, si possible la technique directe, et exécutez le dessin à partir duquel vous évaluerez les éventuelles difficultés.

Nous vous proposons de réaliser un miroir dont le décor s'inspire d'une mosaïque de style Art nouveau, œuvre de Lluis Bru, que l'on peut voir au Palais de la Musique, à Barcelone. Le motif reproduit les plumes de la queue d'un paon royal.

Il nous faut avant tout répondre aux six questions préalables à sa réalisation :

1. Dimensions. Étant donné la taille réelle du motif, il n'est pas possible de le reproduire dans sa totalité. Nous allons donc l'adapter et, en nous inspirant du modèle, dessiner seulement la partie finale de la plume.

2. Matériaux. Les tesselles originales sont en céramique. Il faut simplement veiller à ce que les couleurs employées soient aussi proches que possible des couleurs originales.

3. Couleurs. Dans cet exemple, les couleurs ne sont pas très dégradées et n'ont pas été utilisées pour créer des ombres ou des effets de mouvement.

4. Tesselles. Elles sont coupées en carrés. Pour reproduire au mieux chaque détail, nos tesselles seront d'une taille inférieure à celle des tesselles originales. Comme notre dessin est de taille plus réduite, les tesselles ne devront pas dépasser 0,5 cm².

5. Mode d'assemblage. Les tesselles formant le motif sont posées en *opus vermiculatum* et les tesselles du fond, en *opus vermiculatum* et en *opus reticulatum*.

6. La technique que nous utiliserons sera la technique directe.

PAS À PAS : MIROIR ROND

Fabrication du miroir et exécution du motif

La première étape de cet exercice consiste à fabriquer le miroir et à adapter le motif original à la future mosaïque. Les dimensions du miroir sont les suivantes :

• planche de bois ronde, d'un diamètre de 50 cm.

• miroir rond, d'un diamètre de 27,5 cm.

Avec l'aide de ces mesures et grâce au modèle ci-contre, vous n'aurez aucune difficulté à dessiner le motif de la mosaïque.

163

Matériaux et outils

• Reproduction de la mosaïque à adapter
• Papier à dessin et papier carbone
• Crayon et feutre
• Carrelette
• Pince japonaise
• Brucelles
• Colle vinylique
• Ciseaux
• Support en bois de 50 cm de Ø
• Miroir de 27,5 cm de Ø
• Couteau à enduire et ciment-joint
• Règle
• Carreaux de céramique
• Éponge et brosse
• Gants et lunettes de protection

Si vous ne disposez pas d'un compas dont l'ouverture soit suffisante, vous pouvez utiliser une assiette pour dessiner le cercle.

◀ **1** Au centre de la planche de bois, tracez le cercle sur lequel vous collerez ensuite le miroir.

◀ **2** Tracez huit divisions sur la partie externe du cercle. Le plus simple est de diviser la circonférence en quatre, puis de diviser chaque partie en deux.

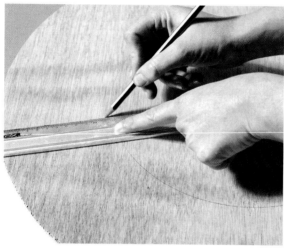

▼ **3** Voici comment se présente le cadre du miroir avec ses huit divisions. Le miroir rond sera situé au centre.

▼ **4** Placez une feuille de papier sur l'une des divisions et décalquez-la par transparence.

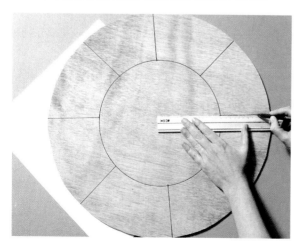

▲ **5** Découpez la feuille aux ciseaux en suivant le tracé.

▲ **6** En vous référant à la mosaïque originale, exécutez le dessin de la mosaïque. Comme on peut l'observer, seule la partie terminale de la plume de paon est reproduite.

▲ **7** Placez le papier carbone sur l'une des divisions et posez le dessin par-dessus.

▲ **8** Reportez le dessin sur le support. Répétez cette opération sur les sept autres divisions.

▶ **9** Si nécessaire, repassez sur le tracé pour que le motif soit bien net.

Coupe des tesselles

Après avoir transféré le dessin sur le support, il faut maintenant préparer les tesselles. Comme dans la mosaïque originale, les tesselles sont coupées en petits carrés.

◄ **10** Avec la carrelette, commencez par couper les carreaux en bandes.

▲ **11** À la pince, divisez les bandes en petits cubes.

▲ **12** Procédez couleur par couleur…

▲ **13** … puis rangez les tesselles en fonction de leur couleur dans une boîte compartimentée.

Pour avancer plus rapidement dans la réalisation de la mosaïque, il est conseillé de couper, dans un premier temps, toutes les tesselles et de les ranger dans une boîte compartimentée ou dans des récipients séparés. Le processus d'élaboration en sera ainsi grandement facilité.

Pose des tesselles

Après avoir coupé les tesselles dans chacune des couleurs à employer, il faut les mettre en place. L'idéal est de recouvrir une première division, en commençant par le centre et en terminant par le fond, puis de répéter la même opération pour les sept autres divisions.

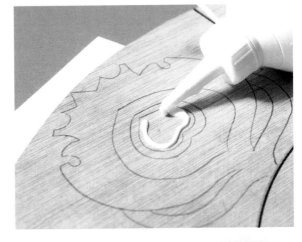

▶ **14** Appliquez la colle vinylique sur le contour du cœur central.

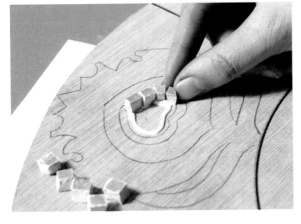

▲ **15** Commencez par coller les tesselles sur ce contour. Comme les tesselles sont coupées en cubes, il sera nécessaire de leur donner, à l'aide de la pince, des formes triangulaires ou trapézoïdales, pour suivre la courbe.

▲ **16** Après avoir collé les tesselles sur le pourtour du cœur, recouvrez l'intérieur, en faisant en sorte que les tesselles soient bien ordonnées. Vous pouvez constater sur la photo qu'elles sont de forme triangulaire et carrée.

À partir de cette étape, utilisez le même mode de pose des tesselles que celui de la mosaïque originale :
en opus vermiculatum *pour le motif,*
et en opus reticulatum *et en* opus vermiculatum *pour le fond.*

▶ **17** Pour recouvrir la zone suivante, disposez les tesselles, à l'aide de brucelles, de sorte qu'elles épousent le contour du cœur.

167

▲ **18** Répétez cette opération en collant tout autour une nouvelle rangée de tesselles de couleur différente. Il est très important de bien suivre le tracé du motif.

▲ **19** Complétez en posant une seconde rangée de tesselles de la même couleur.

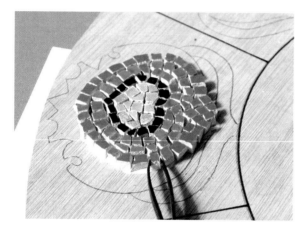

◀ **20** Le recouvrement de la zone suivante s'effectue en trois étapes. La première consiste à poser une rangée de tesselles de couleur différente autour des tesselles précédentes.

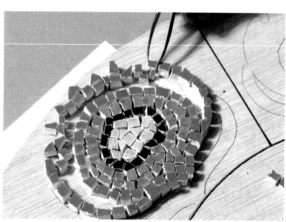

▶ **21** La deuxième étape consiste à poser les tesselles sur le tracé externe de la zone. C'est là le meilleur moyen de respecter le dessin.

◀ **22** Terminez par la pose des tesselles dans les espaces vides. Pour travailler plus aisément, compte tenu de la petite taille des pièces, utilisez des brucelles.

▲ **23** Pour finir, il ne reste maintenant qu'à poser les tesselles de la partie inférieure du motif. Vous pouvez voir ci-dessus qu'elles ont été posées une à une en suivant le contour du dessin tracé.

▲ **24** La plume se présente ainsi lorsque toutes les tesselles ont été mises en place.

▶ **25** L'étape suivante consiste à coller les tesselles de part et d'autre du motif sur les lignes de séparation. Utilisez une règle pour bien les aligner.

Élaboration du fond

Le fond doit également être recouvert en trois étapes. Commencez par poser les tesselles délimitant les bords inférieur et supérieur, puis entourez le motif d'une rangée de tesselles en épousant parfaitement le contour (c'est ce même procédé qui était utilisé dans les mosaïques gréco-romaines). Enfin, recouvrez la zone interne en alignant les tesselles une à une et en laissant très peu d'espace entre elles.

▲ **26** Utilisez des tesselles aux arêtes arrondies pour couvrir les limites inférieure et supérieure de la division. La plupart auront une forme carrée. Celles qui touchent le contour du motif central doivent être coupées sur mesure, à la pince.

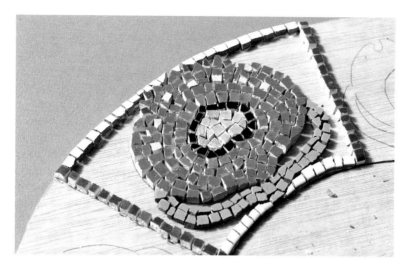

◀ 27 Fin de la première étape:
la délimitation du fond est terminée.

*Quand on réalise
une mosaïque avec
des tesselles de petite
taille, comme ici, il faut
éviter de trop espacer les
pièces, pour ne pas nuire
à l'effet général.*

▶ 28 Posez une nouvelle
rangée de tesselles en
suivant minutieusement
le contour du motif central.

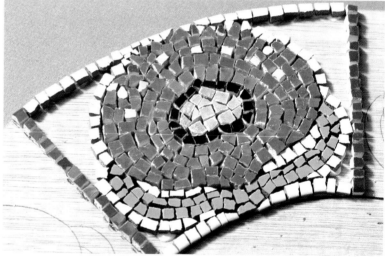

◀ 29 Couvrez l'espace
restant. Le plus simple est
d'aligner les tesselles une
à une. Les tesselles
proches du motif central
ne peuvent être carrées
et doivent être coupées
sur mesure, à la pince,
pour en épouser la forme.

▶ **30** Voici le résultat lorsque la première division est entièrement recouverte de tesselles.

Quand la mosaïque est élaborée avec des tesselles de très petite taille, leur mise en place doit être effectuée avec beaucoup de minutie, pour que le motif qu'elles composent soit bien net.

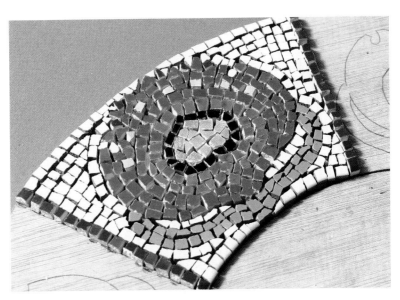

◀ **31** Quand la première division est achevée, répétez le processus, pour recouvrir toute la superficie du cadre du miroir.

▶ **32** Le cadre du miroir est désormais entièrement recouvert de mosaïque. Laissez sécher la colle, puis assurez-vous que les tesselles sont bien fixées. Vous pouvez maintenant mettre le miroir en place. Il est également possible, si vous le préférez, de coller le miroir avant même de mettre en place les tesselles.

◄ **33** Appliquez une bonne quantité de colle vinylique sur le bois.

172

▶ **34** Encollez également l'envers du miroir, pour que sa fixation soit plus solide.

◄ **35** Mettez le miroir en place, en exerçant une légère pression avec les mains.

Jointoiement de la mosaïque

Attendez que la colle soit sèche et que les tesselles soient solidement fixées avant de procéder au jointoiement. Nous avons utilisé ici un ciment de couleur chocolat, teinte la plus proche de celle qui avait été employée dans la mosaïque originale.

▶ **36** Ajoutez peu à peu de l'eau au ciment. Une autre manière, plus économique, d'obtenir ce ton est d'employer du ciment blanc et un colorant universel marron.

Le ciment de couleur marron donne de très bons résultats. Il présente l'avantage, comme le ciment gris, de ne pas modifier l'aspect de la mosaïque. Il équilibre en outre les différentes couleurs d'une manière très douce, sans créer de forts contrastes.

173

▶ **37** Mélangez bien, jusqu'à obtention d'une pâte homogène.

◀ **38** Appliquez le ciment par zones successives, en recouvrant deux ou trois divisions à la fois. Étalez-le d'abord sur les contours, puis sur la partie centrale.

◀ **39** Après l'application, attendez 30 minutes, puis retirez l'excédent de ciment.

◀ **40** Répétez ce processus sur le reste des divisions. Sur le bord du miroir, éliminez le surplus de ciment avec un doigt.

▶ **41** Après avoir retiré le plus gros du ciment, achevez de nettoyer la mosaïque à l'éponge.

◀ **42** Avec une brosse plate ou ronde, éliminez les résidus de poudre. Nettoyez le miroir avec un chiffon imprégné de produit pour les vitres.

Le miroir est maintenant achevé.
Il conserve sa fonction utilitaire tout
en étant particulièrement décoratif
et vous mettra de bonne humeur
dès que vous vous regarderez !

ADRESSES UTILES

À PARIS

Adam Montmartre
96, rue Damrémont
75018 Paris
01 46 06 60 38

Adam Montparnasse
11, bd Edgar-Quinet
75014 Paris
01 43 20 68 53

Bleue marine
254, rue de la Croix-Nivert
75015 Paris
01 45 33 59 00

Championnet carrelage
198, rue Championnet
75018 Paris
01 53 06 80 90

Graphigro
207, bd Voltaire
75011 Paris
01 43 48 23 57

120, rue Damrémont
75018 Paris
01 42 58 93 40

157, rue Lecourbe
75015 Paris
01 42 50 45 49

Loisirs et Création
Galerie du Carrousel du Louvre
99, rue de Rivoli
75001 Paris
01 58 53 95 62

Samaritaine Rivoli
19, rue de la Monnaie
75001 Paris
01 40 41 20 91

Bercy Village
Cour Saint-Émilion
75012 Paris
01 53 17 11 90

Rougier et Plé
13, bd des Filles-du-Calvaire
75003 Paris
01 44 54 81 00

EN PROVINCE

Rougier et Plé
2, rue du Parlement
Sainte-Catherine
33000 Bordeaux
05 56 44 01 70

Spazio Mosaico
81, rue Grande
72000 Le Mans
02 43 77 14 00

Mozaïque
2, rue Chevreul
59000 Lille
03 20 37 85 38

Rougier et Plé
7, rue des Arts
59800 Lille
03 20 74 98 40

Loisirs et Création
198, C. Cial Euralille
59000 Lille
03 20 51 39 01

Au Maître Carré
29, bd Lobau
54000 Nancy
03 83 21 75 28

Gellenoncourt Gérard carreleur
37, bd Albert 1er
54000 Nancy
03 83 97 32 40

Loisirs et Création
C. Cial Les Halles
24, place des Halles
67000 Strasbourg

Toffolo Carrelages
34, rue du Fossé
Riepberg
67100 Strasbourg

Ateliers Mosaïques Création
8, rue Diderot
69001 Lyon
04 78 27 26 40

Mosaïque du Vieux Lyon
69, rue Saint-Georges
69005 Lyon
04 78 92 91 48

Rougier et Plé
17, cours de la Liberté
69003 Lyon
04 78 60 64 31

Champion-Mosaïc
11 bis, rue des Hauts-Pavés
44000 Nantes
02 40 47 36 36

Rougier et Plé
9, rue de Rieux
44000 Nantes
02 40 89 41 02

Les Carreaux du Soleil
28 bis, rue Neuve
Sainte-Catherine
13007 Marseille
04 91 33 02 03

Mosaïlux S.A.
8, rue Henri Meyer
31100 Toulouse
05 61 44 12 04

Mozaïque
16, rue Saint-Antoine du T.
31000 Toulouse
05 61 13 96 89